安倍晋三 沈黙の仮面

その血脈と生い立ちの秘密

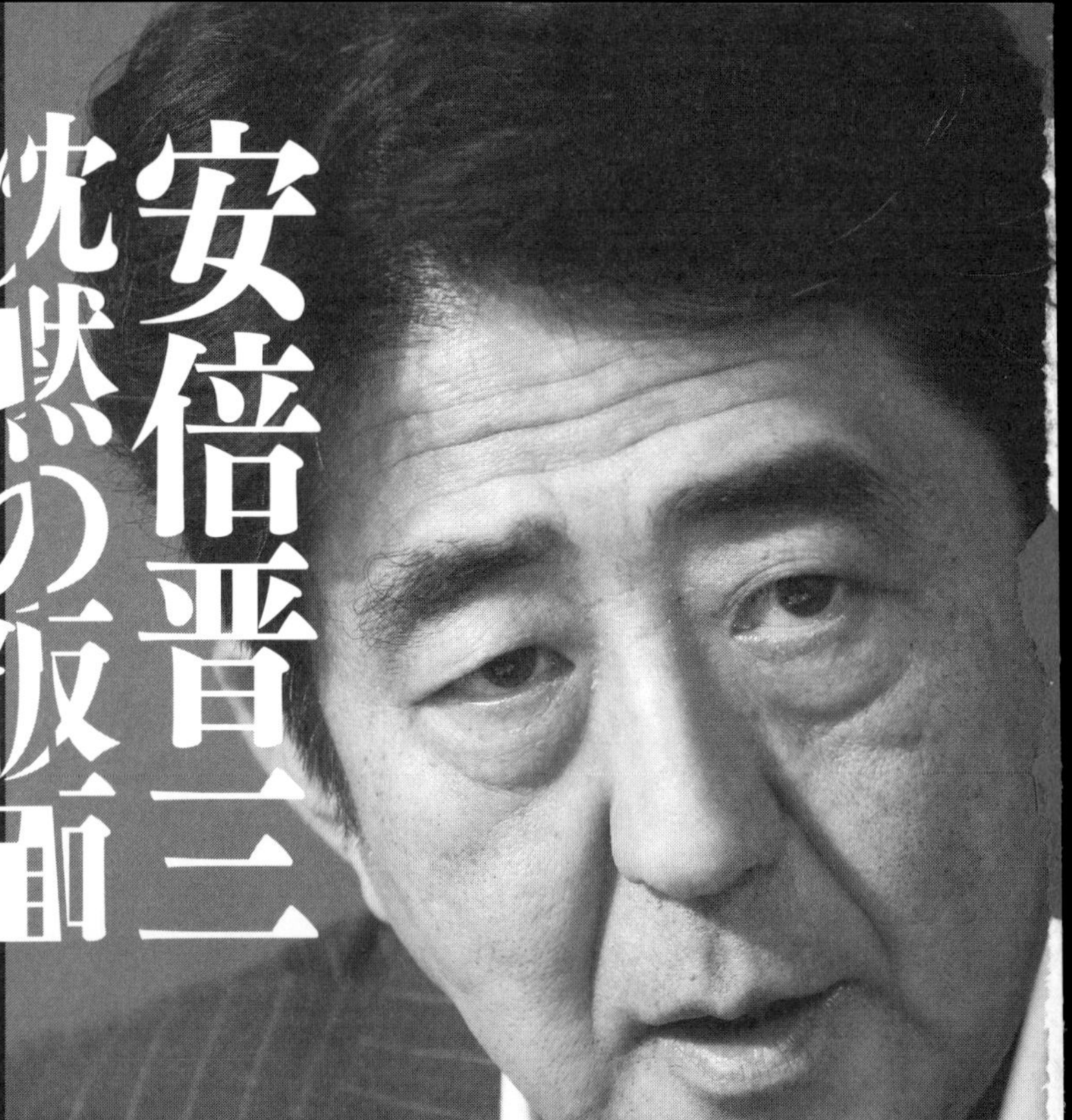

野上忠興

安倍の養育係だった久保ウメ（当時78歳）と著者
（2003年8月。山口県長門市青海島にて）

目次

（本文の敬称は略した）

装丁・デザイン　株式会社エストール
カバー写真　太田真三（小学館）

序章

岸信介「力は入れないとダメ。でも力任せもダメ」

その日、米議会で壇上に立った安倍晋三・首相の顔には、「歴史に名を残した」という充足感が満ちていた。２０１２年12月、自民党史上初となる首相再登板を果たしてからの安倍は、時に党内からも〝独裁者〟との批判が上がるほどの強気の舵取りが目立った。例えば、数の論理を背景に集団的自衛権行使容認、憲法改正へと前のめりになるその姿は、60年安保締結を断行し、「昭和の妖怪」の異名をとった祖父で元首相の岸信介とも重なる。一方で、最初の登板が敵前逃亡に終わったように、「ガラスのシンゾウ」＝小心者との月旦評《げったんひょう》も少なくない。人間・安倍晋三を形成したルーツに迫る。

継承されなかった「両岸」

２０１５年のゴールデンウィーク初日の４月29日、安倍は日本の首相としては祖父の岸信介、池田勇人以来半世紀ぶりとなる米議会での演説をこう切り出した。

〈１９５７年６月、日本の総理大臣としてこの演台に立った私の祖父、岸信介は、次のように述べて演説を始めました。「日本が、世界の自由主義国と提携しているのも、民主主義の原則と理想を確信しているからであります」〉

安倍はこの演説で、集団的自衛権の行使を認める新安全保障法制を「夏までに成就させます」と約束し、「この法整備によって、自衛隊と米軍の協力関係は強化され、日米同盟はより一層堅固になります。それは地域の平和のため、確かな抑止力をもたらすでしょう」と、日米同盟の強化を高らかに謳《うた》った。

その姿は、半世紀前、東西冷戦の真っ只中で訪米した岸が米議会で「国際的共産主義の台頭」に警鐘を鳴らし、「日本は自由世界の忠実な一員として、とくに自由世界が国際共産主義の挑戦を受けているアジアにおいて建設的な役割を果たし得るものであると私は堅く信じております」と語った姿とオーバーラップする。

安倍の岸への思想的傾斜を最も象徴するのが憲法改正への強い思い入れと意思だ。筆者にはその極端なまでの「前のめり」は、憲法改正を岸からの「政治的遺託」と安倍が受け止めているからだと映る。岸の言葉が例証になろうか。

「私が復帰したのは日本の立て直しにおいて憲法改正がいかに必要かということを痛感しておったからなんです。今の憲法は（米国が）占領政策を行なうためのナニであった。その辺の事情を国民に十分理解せしむるという役割は、総理が担わないといけない」（原彬久著『岸信介証言録』より）

この「祖父の悲願」は幼い頃から岸に可愛がられて育った孫の安倍の心に深く刻まれ

ていったようだ。

後に随所で具体的に掘り起こしていくが、中学、高校、大学時代の友人たちの述懐は興味深い。

「あいつは目立たないごく普通の奴だった」「晋三はクラスで影が薄かった」「暗いということはなかったが、かといってはしゃぎ回るようなこともあまりなかった」「自分から存在をアピールすることはなかった」「僕は政治家の息子だとか、岸の孫だということを自分から言うことはなかった」

安倍の人物像を探る取材のなかで、友人らが話した安倍の存在感の希薄さについて、とくに印象に残っている証言にはこんなものもあった。安倍が成蹊大学法学部政治学科に在籍中、ゼミで同じクラスだった女性に取材依頼の電話を入れたときのことだった。

「エッ、あのー」と言葉を濁したあと、こう断わられてしまった。

「確かに、安倍さんとはゼミでは一緒でした。ただ、彼については、思い出そうとしても本当に何も印象や記憶に残っているようなものがないんです。遠いところまで、わざわざ来ていただいても、お話をすることは何もありませんので、申し訳ありませんが遠慮させていただきます」

その安倍も「理念的なテーマに話がおよぶと、途端に饒舌《じょうぜつ》になり決して譲ろうとしない頑固さをみせた。私も一度ならず何度か、そんな場面に遭遇したが、〝ヘェー、おとなしい安倍が、そこまで言うか〟と驚いたものだった」（成蹊中学時代からの同級生）というように、時折変身をみせることがあった。

とりわけ、こと憲法絡みの話になると、人が変わったように激し、能弁になったという。安倍と大学時代、最も親交のあった学友が「その場面」を語ってくれた。安倍と憲法論を交わしたときのことだった。興奮気味に安倍は、こうまくしたてた。

「今の憲法は戦勝国が敗戦国に、戦勝国を見習えって一方的に押しつけたものなんだ。そうは思わないか？　違うか？　その象徴が憲法9条なんだよ。9条の言わんとすることは、日本は全く軍備丸裸でいろということじゃないか。近隣諸国の善意だけを頼りにして、この国を守れるのか。そんな夢みたいな話ってあるか？」

安倍の言葉に「おじいちゃん（岸信介）への思い入れを強く感じた」と話したこの学友は、「彼の政治に対する情熱、そして政治家を目指した原点というのは、そこ（憲法改正）にあるんだなと思う」と言い添えた。

実際、政治家になってからの安倍は〝岸たらん〟と欲し、今回の米議会演説も岸の演説内容を念頭に練り上げたと伝えられる。

だが、20年の政治記者生活を含めて延べ40年超、永田町をウォッチ、フォローしてきた筆者の目から見ると、安倍と岸とは政治・外交的思想や、その手法で大きな違いがあるように思えてならない。

例えば政治手法だ。岸の政治手法は「両岸」といわれた。時に押し、時に引く。あちらを立てれば、こちらも立てる。政治的に対立する勢力に太い人脈をつくりながらバランスとコンセンサスを重視する老練な政治家であった。そのソツのなさを、賛否を交えて評した言葉が「両岸」だが、岸自らは次のように語っている。

「一本調子で世に処していけるもんじゃない。時と場合によっては、どっちつかずのようなこともしなければいけない。両方を調和していく以外に方法はない。政治家は単純では育たないと思う。一本筋ではね」(『岸信介証言録』)

筆者自身、岸から「両岸」の一端を聞いたことがある。

自民党記者クラブで元首相・福田赳夫率いる清和会を担当し、懇親ゴルフで福田に加え、ゲスト参加の岸と同組でラウンドする機会を得たときのことだ。

名門「大箱根カントリークラブ」のクラブハウスをバックにした福田、岸と並んだ写真には、1979年8月2日とある。クリーク(小川)越えのグリーンを狙った筆者のボールは、力んだせいだろう、大きく左に外れてラフに吸い込まれた。続いて打った40歳以上も年上の当時82歳だった岸は、しっかりグリーンをとらえた。ため息をつく筆者に、「キミねえ、ゴルフは力じゃないですよ」と言って笑ったのである。

岸とサシで話ができる機会はそうあるものではない。私は次のホールへ向かう途中、岸にジョークを交えて問うてみた。

「さすがの岸先生も、60年安保のときは力が入ったことでしょうね？」

答えはこうだった。

「それはキミねえ、力は入れないとダメですよ。でも、力任せだけでもダメだという思いはあったし、そこは力の調整なんだよ、キミ」

確かに岸が成し遂げた安保改正は、国会を取り囲んだ猛反対デモばかりが後の世に知られて誤解もあるが、実は外交面を含めた総合的な配慮のなかで進められ、必ずしも力任せではなかった。日米安保条約を改定して日米同盟を強固にする一方で、外交三原則に「アジア重視」を掲げ、首相として初めて東南アジア諸国やオセアニアを歴訪し、インドネシア、ラオス、カンボジア、南ベトナムと相次いで賠償協定を締結して国交回復を達成している。首相退陣後も、岸は訪韓して次の池田内閣の日韓国交正常化交渉を根回しした。憲法改正にしても、岸はその必要性を「国民に十分理解せしむる」ことが総理の役割だと強調している。

対して、その岸を仰ぎ見る安倍は、どうだろうか。

外交では中国、韓国とコトを構え、内政では自民党が持つ圧倒的な「数」をバックに強権的といわれる国会・政策運営が目立つ。真正面からの憲法改正が無理でも、解釈改憲という搦《から》め手で集団的自衛権の行使容認に力任せに突き進んだ。岸とは対照的だ。

老練だった祖父と違い「頑なさ」と「危うさ」が同居する安倍晋三。その政治家としての形成過程を俎上にのせ、人間学的に解剖するには、まず特異な「血脈」と「生い立ち」を辿る必要がある。

筆者は政治部記者時代、安倍の父・晋太郎の番記者を長く務めた。安倍の評伝を書くにあたっては安倍本人をはじめ岸・安倍両家の親族や関係者、安倍の子供時代の友人、恩師、会社員時代の同僚や上司、そして古参秘書や後援者らも含め重層的に取材、山口県油谷町《ゆやちょう》（現・長門市）に残る晋太郎の実家や安倍が幼少年期、夏休みに預けられた同市北側の日本海に浮かぶ青海島《おうみしま》の知り合い宅まで足を延ばした。

晋太郎番当時の取材メモをはじめ膨大な証言録や資料も元に「右翼の軍国主義者と呼ぶなら呼べばいい」「憲法解釈の最高責任者は私だ」と公言してはばからないタカ派政治家・安倍晋三の思想と行動のルーツを明らかにしていく。

第一章

愛に飢え、「添い寝」を求めた少年時代

「アンポってなぁに？」

１９６０年。東京・渋谷の南平台にあった岸の邸宅には、連日、日米安保条約改定に反対するデモ隊が押し寄せた。いわゆる「60年安保闘争」だ。

その岸邸の中では、まだ5歳と幼かった安倍晋三と当時7歳だった兄がデモ隊の口まねをして、「アンポハンターイ！　アンポハンターイ！」と繰り返すのを岸がニコニコしながら見ていた――安倍が政治の「原体験」としてよく語るエピソードである。

因みに、母の洋子のほうは、晋三らの「アンポハンターイ」の声に、晋太郎とともに「反対ではなく安保賛成！　と言いなさい」とたしなめることもしばしばだったと回想している。

だが、無邪気に「ハンターイ」の声をあげる背景に、甘えたい盛りの幼少期に両親が不在がちだったという家庭の事情があったこと、幼心に隠された孤独があったことは、ほとんど語られてこなかった。

その人の人格、性格や行動思考には、幼少期の家庭環境が多大な影響を与えるというのは、なにも心理学者に聞かずとも経験上わかるものだ。総理大臣・安倍晋三の国会答弁を見ていると、自己主張が強く、野党質問と議論がかみ合わないケースが多々ある。

実は、そうした振る舞いの背景には、本人があまり語ろうとしない幼少時の家庭環境が大きな影を落としている。

安倍は毎日新聞政治部記者だった父・晋太郎と岸の長女・洋子の次男として54年9月に生まれた。2つ上の兄・寛信（現・三菱商事パッケージング社長）が父方の祖父・安倍寛《かん》と母方の祖父・岸信介から1字ずつ受け継いだのに対し、安倍は父の「晋」の字をもらったものの、次男なのに晋三と名付けられた。

母の洋子に、なぜ「晋三」なのかと聞いたことがある。

「主人も私も女の子を欲しかったのですが、2人目も男の子だった。父（岸）は喜んでいましたが。晋三の名前についてはは由来をよく聞かれますが、晋二より晋三の方が字画が良いとか言われたりしましたし、主人も字の据わりが良いからと初めから『晋三だ』と言いましたので、そうしました」

安倍の誕生は、まさに岸が権力への階段を駆け上がっていった時期に重なる。

開戦時の東条内閣で商工大臣を務めた岸は敗戦後、A級戦犯として巣鴨プリズンに収監された。不起訴となり、サンフランシスコ講和条約の発効（52年）に伴って公職追放が解除されると、53年の総選挙で国政に復帰。晋三誕生の翌年（55年）の保守合同による自由民主党結成で初代幹事長に就いた。そして56年に石橋内閣の外相、57年には首相へと瞬く間に政治の頂点を極めた。安倍が2歳の頃だ。

岸のスピード出世に伴い、晋太郎は政治記者から外相秘書官、総理秘書官に転身。そして58年の総選挙に出馬するや、安倍家の状況は一変、いや激変していく。

「普通の家庭の団欒《だんらん》はなかった。父親は全然家にいなかったから。父親がいたりすると家の中がギクシャクしたほどだった」

安倍は筆者のインタビューにそう振り返ったことがある。総理秘書官の父は連日のように深夜に帰宅し、休日も仕事。母の洋子は夫の選挙のために地元の下関に張り付くことが多く、東京の家には幼い寛信・晋三兄弟がポツンと残された。

「友人宅で一家団欒の光景を見たりすると、『ああ、いいな』と思ったりした」と普通の家庭への憧れを語った安倍の言葉が改めて思い出される。

安倍家のすべてを知る生き字引

安倍の「人間研究」をしていくうえで、絶対に欠かせない女性がいる。両親に代わって、乳母兼養育係として安倍兄弟が成人するまで世話をした久保ウメである。

ウメは安倍家の遠縁にあたり、山口県油谷町にある晋太郎の実家から10分ほどの地に生まれた。祖父や父が晋太郎の父・寛と親しく交流していたこともあって、ウメも幼少時、「優しいおじちゃん」の寛に可愛がられ、「上京のたびに、当時は珍しかった生のパイナップルなど色々なお土産を持ってきてくれた」などの思い出をいくつも持つ。ウメは家が近かった晋太郎とは小学校が一緒だったし、幼友達でもあった。

ウメは一時、東京・麹町の祖父の家で暮らすが、戦争激化に伴い油谷町の実家に疎開、山口県立深川女学校で学ぶ。ここで岸信介の長男・信和の妻となる仲子（元衆院議員・田辺譲の長女）と同窓だったことがウメの運命を変え、安倍・岸両家との深い関わりを結ぶ機縁となる。

その頃、信和は宇部興産に勤めており、仲子も瀬戸内海側の宇部市に移っていた。が、ウメが「3人ともお酒が好きで、宇部までよく遊びに行った」と振り返るように、2人の親交が絶えることはなかった。

やがて信和は東京へ転勤する。「田舎にいてもしょうがないでしょ。東京に出て来たら」という仲子の言葉に「そうね、しばらく遊びに行こうかしら」と応じたウメは、56年後半、再度上京する。「このときの気軽な行動が、自分の人生を決めるなんて全く考えもしなかった」。

上京したウメは証券会社に勤めてＯＬ生活を送っていたものの、「ジッとしていられないタイプで、アフターファイブや休日には時間を持てあましていた」。そんなとき、仲子から声がかかった。

「あなた、東京で1人でぼんやりしていてもしょうがないでしょ。筆も立つし、どう？義父の仕事を手伝わない」

56年といえば、ちょうど岸が7票差で自民党総裁選に逆転負けを喫した年で、そこから石橋湛山内閣で外相を務め、その石橋が就任直後に病に倒れたため、翌年には首相に就くという激動の時期にあたる。そんなタイミングで、二つ返事で仲子にＯＫサインを出したウメは、岸の南平台の私邸に通い始める。そして日をおかずに住み込んで陳情書類の整理や代筆などの事務的な雑務をこなしていくようになる。ウメは１９２５年８月生まれだから、31歳の頃だった。

「代筆」の言葉に興味を抱いた筆者が、「例えば何を？」と聞くとウメは、こう言って苦笑した。

「地元の人や、ごひいきの人達は大物政治家や総理大臣の揮毫《きごう》した色紙を欲しがるものです。でも、おじいちゃんには、そんな時間がありませんでしたからね。私は結構筆が立つほうでしたから、『内閣総理大臣　岸信介』と色紙に数え切れないほど揮毫したものです。いまも、そのおじいちゃんの色紙を大切にしている人達には悪いのですが」

その頃、晋太郎夫妻も六本木の自宅を引き払い、岸邸内に転居していた。ちなみに当時の岸邸は、もともとの私邸に隣の女優・高峰三枝子の夫の邸宅を借り受けて広げたものだった。晋太郎は年の近い幼友達・ウメとの再会に目を細めた。

ほどなく、ウメは多忙な安倍夫妻に代わって寛信と晋三の養育と教育を任されるようになる。寛信が4歳9か月で安倍が2歳5か月だったという。

「晋ちゃんはおむつが取れるかどうかという頃で、家の中をちょこまかと歩き回っていた。南平台に来るお客さんたちが面白がって『お坊ちゃん、もっと走って』なんて声をかけると、晋ちゃんは得意になって走り出してはすぐ転んでいました」

それから小泉政権の時代まで、岸、安倍両家に40年仕え、生涯独身を通したウメは、「安倍家のすべてを知る生き字引」と呼ばれた。

筆者は著書『気骨　安倍晋三のＤＮＡ』（２００４年、講談社刊）の取材で、03年7月から8月にかけて戦艦大和など帝国海軍艦隊の隠れ場所として知られる油谷湾沿いのホテルなどでウメに2回ロングインタビューし、一緒に安倍の実家に寄って近くにある晋太郎の墓前に手を合わせたりした。その後も何回も電話で話を聞いた。

「いつか私が見た岸家と安倍家の本を書きたいと思っていた」と話したウメは、80歳近いとはとても思えぬほど、実によく様々な出来事を覚えていた。我が子のように安倍兄弟を育てた逸話が「頭の引き出しに枚挙にいとまがないほど、ぎっしり詰まっている」と語ってくれたウメへの聞き取りメモを交えて話を進めたい。

「泣かない晋ちゃん」の飢え

「おっとりした、もの静かな子供だった」という兄・寛信とは真逆で、幼い頃の晋三は、「家の中だけでなく庭にまでアンテナを張っていないと、何をしでかすかわからないほどいたずら好きで手を焼いた。寛ちゃんの釣りに晋ちゃんがついていけば、釣り糸が垂れた周りを棒でかき回しては寛ちゃんを困らせていたわね」とウメは述懐した。

ウメもいたずらの被害に遭っている。洋子が嫁入りの際に持ってきた「古くて立派な雛人形」を節句に飾ると、「晋ちゃんが女官の人形に鉛筆でヒゲを付けようとしている。『何しているの?』と声をかけると、『何もしないよ』って。あの子はすぐ『ううん』とか『何もしないよ』と言う。私が母から形見にもらった銀台の珊瑚のかんざしを持ち出して泥を掘ってくにゃくにゃにしたり、そんなことはもう日常茶飯事でした」。

甘えん坊の晋三ではあったが、「とにかく強情で芯の強い子供」でもあったという。一緒に風呂に入ると、膝が黒くなっている。「転んだの、痛いでしょ」と尋ねると、「僕、転んでなんかいないよ。痛くなんかないよ」といじらしいほど強がって見せた。

晋三は「泣かない子だった」。

岸邸の庭には、かなり深い池があった。晋三が5歳の頃、ウメは寛信を傍らに池のそばで本を読んでいた。すると大きな石が投げ込まれるようなボーンという音がした。目を向けると晋三が池に落ちていた。ずぶ濡れになった晋三がウメのほうに来ようとする。「『こっちは深いから駄目』と言ってもドンドン深みに入ってくる。幸い庭師がいたからよかったが、池から出たあと、心配した寛ちゃんがワンワン泣くのを尻目に、晋ちゃんはキョトンとしているだけで泣き声ひとつ上げなかった。自分が悪いという思いがあったからだとは思うが、芯の強い子だな、と改めてまじまじ顔を見たものだった」（ウメ）

ウメは洋子からの求めもあり、躾《しつけ》に厳しかった。昼間いたずらをしたときには、風呂に入れた際にきつく叱り、裸の尻をパチーンと叩いて言い聞かせることもよくあったが、晋三が泣くことは一度たりともなかった。

「寛ちゃんは長男で、晋太郎さんが選挙に出たのは寛ちゃんが5歳のときだから、物心つくまでは母親に育てられた。岸家にとっても初孫だったから、なにもかも僕のものといった感覚がある。でも、晋ちゃんが物心つく頃は、ちょうど選挙で洋子さんは手をかけたくてもできなかった。だからものをあきらめるというか、僕はこうでなきゃいけないという状況判断が早いところがありましたね」（ウメ）

「泣かない晋ちゃん」は、幼心に、多忙で不在がちの両親に愛情を求めても得られないことを自分に納得させようとしていたのだろう。気丈に見えた気質は解けない葛藤の反映ではなかったか。それは安倍自身も筆者のインタビューで認めている。

「やっぱり普通の家庭への憧れはあった。人の家に遊びに行って友達が両親なんかと楽しそうに話していたり、父親と何か楽しそうにやり合っていたりするのを見ると、『ああ、いいいな』と思ったものだ。それに引き替えうちの家には父は全然いないし、母も選挙区へ帰ることが多かった。だから父がたまに家にいたりすると、何かギクシャクした感じがしたほどだった」

父親がいることに幼い子供が違和感を抱くというのは、まだ核家族化も進んでいない時代としては、やはり「普通」ではない。洋子はこれを「我が家は独立国家の共同体のようなものでした。皆が勝手に育ってしまった」と表現した。

もちろん子供は子供である。「泣かない気丈な」晋三ではあったが、ウメには甘え、おんぶをよくねだる子でもあったという。

寛信と晋三を小学校と幼稚園に送り出す朝は、ウメにとって「ひと騒動」だった。

「朝、お兄ちゃんの仕度ばかりやっていると、晋ちゃんが拗《す》ねちゃって。そうなるとテコでも動かない。幼稚園のカバンをかけてやって、バス停までおんぶしていった。あんなにおんぶが好きだったのは、両親にそうしてもらいたかったからでしょうね」（ウメ）

添い寝も欠かせなかった。安倍邸では夫婦の寝室は2階、1階に安倍兄弟の部屋とウメの部屋が並んでいた。晋三は夜になるとウメの布団にもぐり込んできた。

時には家の外に愛情を求めることもあった。南平台の岸邸に生け花を生けに通ってきていた草月流の華道の師匠のI夫人が晋三をとても可愛がり、晋三もなついていた。彼女の家は安倍家から歩いて10分ほどの近所にあった。

「ボク、今日はお花の先生のところに行って泊まる」

両親が不在のとき、晋三はよくそう言いだし、パジャマを風呂敷に包んでもらって訪ねていった。I夫人宅では、夫人と娘の間に「川の字」になって寝た。

「キャー、痛い」

ある夜、娘が金切り声を上げた。晋三は左右の手でI母娘につかまりながら寝入ることを習慣にしていた。愛情を独り占めしたかったのかもしれない。その頃の様子を懐かしそうに振り返りながらI夫人は、「お母さんを思い出していたんでしょうね。それで無意識のうちに何かの拍子でお母さんに抱きつこうと娘の体をギューッとつねったのね。私たちにつかまるというのも甘えたい感情からだったのでしょう」と話した。

安倍が「原体験」として語っている岸邸での安保反対デモの記憶は、そうした愛情に飢えた幼少期に刻まれたものだった。

ウメは、南平台にデモ隊が押し寄せた頃のこんなエピソードを明かした。

「安保の頃は晋ちゃんがまだ5歳、ママは地元だし、パパは仕事だから昼間も私やお手伝いさんしかいない。安倍家はその頃はもう子供には危険だからと岸邸と別のところに住んでいたけれど、晩ご飯だけは南平台（岸邸）で食べると決まっていた。兄弟の夏休みの日記はよく私が左手で代筆していたのだけれど、必ず『内閣総理大臣が帰ってきたから、今日も南平台で夕食を食べました』が書き出しだった」

甘えたい盛りの安倍にとって、岸邸での祖父母との夕食や、時には庭で遊んでくれたり、童話を読んでくれたりした祖父との触れあいは貴重な団欒だった。

であれば、安倍が「A級戦犯」「妖怪」呼ばわりされた岸を「おじいちゃんは絶対正しい」と信じ込んだとしても、「安保反対！」を叫ぶデモ隊が「祖父の敵」として幼心に刻まれたとしても解せなくはない。

安倍は当時の岸との会話をこう回想している。

「『アンポってなぁに?』と聞くと、『日本をアメリカに守ってもらうための条約だよ。なんでみんな反対するのかわからない』――そんなやりとりをしたことをかすかに覚えている」

乳母のふとんに入ってくる中学生

両親不在は名門政治一族の宿命といえばそれまでだが、その後も安倍の「両親への思慕」が満たされることはなかった。

学校で児童心理を学び、幼稚園長の経験があるウメは、安倍兄弟の宿題も見てやった。成蹊小学校にあがると、日記が宿題として義務づけられた。

夏休みの最終日、兄弟の行動は対照的だった。兄は宿題が終わっていないと涙顔になった。だが、晋三は違った。

「『宿題みんな済んだね?』と聞くと、晋ちゃんは『うん、済んだ』と言う。寝たあとに確かめると、ノートは真っ白。それでも次の日は『行ってきまーす』と元気よく家を出ます。それが安倍晋三でした。たいした度胸だった。

でも、学校でそれが許されるはずはない。あと1週間でノートを全部埋めてきなさいと罰が出る。ノート1冊を埋めるのは大変です。私がかわりに左手で書いて、疲れるとママに代わった」

ウメは「たいした度胸」と評したが、小学校時代の級友達に聞いて回っても、宿題を忘れたり遅刻をしたりして「またか」と先生に叱られたとき、安倍は「へこむ」ことはなかったという。ウメに聞いたエピソードも耳に残る。

「傘を持って学校に行っても雨が上がると寛ちゃんは学校に置いてくる。晋ちゃんは持って帰ってくるが、傘は骨が折れて使えなくなっている。傘を電柱などにぶつけながら帰ってくるため、家に着く頃にはグチャグチャになってしまうからだった。それでも『ウメさん、傘、持って帰ったよ』と平然としている。そういう子でした」

もしかすると晋三少年は、多くの悪ガキがそうであるように、宿題を忘れることや、いたずらをすることで、ウメや母親の関心を引こうとしたのではなかったか。

成蹊小学校のクラスメイトには、忘れられない思い出がある。小学低学年の遠足のときの淋しそうな安倍の姿だ。

「全員が弁当を持ってきていたなかで、安倍1人だけが持たされてなかった。安倍は『忘れちゃった』とか言ってごまかしていたが、安倍が可愛そうだと、みんなで1つずつおにぎりをやったり、お菓子をあげたりした。安倍の家は政治家をしているから、みたいなことを聞いていたし、お父さんもお母さんも大変なんだなあ、それで弁当も作ってもらえないのかなあと思ったりしたこともある。今でも、ものすごく印象深いこととして頭から消えていない」

小学校高学年になると、「寛ちゃんが、お出かけ専門に対し、晋ちゃんは、連れ込み専門」とウメが述懐したように、「寂しがり屋」の安倍は、大勢の友人を、やたらと家に連れてくるようになり「友達の靴で足の踏み場もないほどだった」。で、「二階の座敷を占領してワイワイガヤガヤやっているから何をしているのか」とウメがのぞくと「映画監督ごっこだった」。

部屋の片隅に安倍が台本代わりに本を持って監督然として座っている。大笑いのシーンだったのか、安倍から「お前、そこで笑うんだよ」の注文が飛んだ。これに応えてクラスメイトの1人が「ワッハッハ」とやる。すると安倍は「もっと大きな声で笑わないとだめだ！」と厳しい言葉を浴びせる。何度かやらせたあと、安倍の「カット！」の声が飛ぶ。「晋ちゃんは、もうすっかり監督さん気取りだったわね」。

ちなみに今でも安倍の映画好きはつとに知られており、「政治家にならなかったら、映画監督になりたかったんだがね」と周辺に話しているほどだ。

台本を手に俳優を自分の描くイメージ通り振り付けし、自由自在に動かす。納得できなければ何度でも演技をやり直させる。「自己主張・自我が人一倍強い」（ウメ）晋三に映画監督は合っているのかもしれない。政治では、それが強いリーダーシップにもなり、独裁とも批判されるのだが。

級友の間では「平然ぶり」が売りの安倍ではあったが、一方で夜になると、「温もりのない家庭」に育った反動なのか、甘えん坊の一面が顔を出し、ウメの「添い寝」が中学生時代まで続いた。

「夜、晋ちゃんを起こしておしっこさせるでしょ。そして自分の部屋に寝かせる。私が用足しして戻ってくると、『こっちのほうが、あったかいや』って私の部屋の布団にもぐり込んでくるの。それが中学生になっても続いたの。向かいの部屋からノソノソと起き出しては『ウメさん、入れて』と布団に入ってきた。『あんたもう中学生でしょう』って言ったものでしたが、潜り込みは続きました。私は小柄だったし、寝入ってから部屋に戻すのが重くて大変だったことを覚えている。それだけ愛情に飢えていたのでしょうね」

父との葛藤

求めながらも満たされぬ愛情は、父・晋太郎との関係に微妙な影を落とすようになっていく。安倍の岸への思想的傾斜を読み解くうえで見落とせないのは父との関係だ。

安倍には、岸とは政治的系譜が真逆といってもいい父方の祖父・安倍寛がいる。岸が東条内閣で商工大臣を務めて戦中から権力の中枢を歩いたのに対し、寛は東条英機の戦争方針に反対し、戦時中の総選挙では「大政翼賛会非推薦」で当選した反骨の政治家として知られる。

あまり語られることのない安倍の父方の祖父・寛の足跡は非常に興味深い。

山口県油谷町渡場で生まれた寛は、34歳のとき「金権腐敗打破」を叫んで総選挙に立つ。が、落選。日置村村長や山口県議を務めて捲土重来の機会をうかがい、結核に侵されながらも9年後の総選挙（１９３７年）で雪辱する。晋太郎が13歳のときだった。

晋太郎はかつて筆者に、「親父が政治家でなかったら俺はこの道に入っていなかった。親父の背中に男子一生の仕事はこれだ、との思いを抱き、『いつか俺も』と心に決めた」と話したことがある。

晋太郎は政治家になってから「初志貫徹」と揮毫することが多かったが、それは少年時代、初陣で敗れても病魔に襲われても、これに屈することなく初志を貫いて夢を果たした寛の姿をダブらせてのことだった。

晋太郎を決定的に政治の道へ押すことになるのが、5年後の1942年に行なわれた大政翼賛会選挙（第21回総選挙）での寛の孤軍奮闘ぶりだった。

当時、日本は太平洋戦争に足を突っ込み、国民挙げて「お国のために」と滅私奉公＝戦争協力を強いられている戦時下にあった。戦争を支持しない限り当選は不可能だった。そんな厳しい世相のなかで、寛は山口県1区から大政翼賛会非推薦の無所属で立ち、東条英機らの軍閥主義を鋭く批判した。軍の総動員令にも反対するなど臆することなく「戦争反対」を前面に出し、これを貫きながら選挙戦を戦う。

筆者が「安倍番時代」に晋太郎から聞いた述懐によれば、選挙戦中、寛は特高警察の執拗な尾行など、ありとあらゆる選挙妨害を受け、「中学4年生だった俺（晋太郎）も学校での授業を終え、オヤジの選挙事務所に寄ったりすると警察官から、しつこい尋問を繰り返し受けた」。

それでも非推薦候補はほとんど討ち死にするなかで、寛は「不屈の精神」を曲げることなく戦い、1万4619票を獲得して4位で当選を果たす。のちに元首相・田中角栄の逮捕にまで発展したロッキード事件と真正面から向かい合うなど「反骨」で鳴らした元首相・三木武夫も、このときの選挙では非推薦で戦い当選、政界にデビュー後に寛と親交を結んでいく。

岸と寛にはもうひとつ大きな違いがあった。岸は有名な「濾過器の哲学」で政治資金疑惑を乗り切った。岸は満洲国に派遣されていた当時から「カネは濾過して使え」と側近に教えていたとされる。グラマン事件など数々の政治資金疑惑でその名を取り沙汰されながらも立件されなかった巧妙な資金調達術が「哲学」として永田町に受け継がれた。それに対し、寛は「昭和の吉田松陰」と呼ばれるほど潔癖な政治家だった。「俺のオヤジは」と、かつて晋太郎からこんな話を聞いた。

「非推薦で当選した後、中央（大政翼賛会）から当時としては大金の3000円の電報為替が送られてきた。カネは全くなく、選挙をするのも大変なことだったが、オヤジは『非推薦なのに祝いはもらえん。返してこい』と受け取らなかった」

安倍にとって筋を曲げない清廉《せいれん》な政治家だった祖父・寛は岸に負けない誇るべき政治的血脈であるはずだ。だが、幼少時の「団欒のなかった家庭」と同様に、その足跡や業績についてほとんど語ることはない。

安倍家を長く支えた地元後援者の1人はこう語った。

「確かに晋三さんは岸さんの血を継いどるが、安倍家のおじいちゃんは寛さんで、戦時中に東条英機に反対して非推薦を貫いた偉い人じゃった。それを言いたいが、晋三さんと話をしても岸、岸とばかり言うんでね」

寛は安倍が生まれる以前に51歳で世を去っており、接する機会もむろん、なかった。岸に対するような親近感を抱けない存在だったことは確かだろう。とはいえ、血縁はなくとも郷土の英雄であれば高杉晋作の墓参りのパフォーマンスまでしてみせる安倍が、父方の祖父についてはあえて語ろうとさえしないのは〝たまたま〟ではあるまい。

筆者には安倍が父・晋太郎への反発から、〝反軍部〟だった父方の祖父・寛の足跡に目をつぶりながら岸への傾斜を深めていったと思えてならない。

「ボク、パパのあとやるよ」

晋太郎は岸の後ろ楯で政界での地歩を築きながらも、後の息子・晋三とは正反対に、「岸総理の娘婿」と呼ばれることを極度に嫌った。

晋太郎が洋子と結婚（1951年）したのは岸の公職追放が解除される前であり、「オレは総理の娘と結婚したんじゃない。戦犯の娘を嫁にもらったんだ」というのが口癖で、

「アベカンの息子と言われるほうがうれしい」とも語っていた。

政治信条の面でも、晋太郎は「外交はタカ、内政はハト」の考え方で、安全保障についても、どちらかといえばリベラルの立場をとった。息子の晋三に欠けると指摘される懐の深さとバランス感覚があった。首相・大平正芳が1980年の参院選の街宣活動中、体調を崩し、入院して急逝する間際、側近議員に「安倍君のバランス感覚は自民党にとって得がたい。安倍君を頼むぞ」と言い残したエピソードが、それを何より雄弁に語っている。

政治家に不可欠な資質とされる晋太郎の特性は、海軍滋賀航空隊予備学生時代に特攻隊に志願し、出撃前に終戦を迎えた経験に深く根ざしていた。旧制第六高等学校（岡山）から東京帝国大学に進学した晋太郎は、1944年10月、第十五期予備学生として琵琶湖畔にあった海軍滋賀航空隊に入隊する。

周知の通り、明治から大正にかけて、日本陸軍の中枢幹部は長州人で形成され、実権を握っていた。山県有朋、桂太郎、寺内正毅、田中義一らから脈々と、陸軍イコール長州の構図が定着していた。筆者は、長州人の晋太郎が、なぜ陸軍ではなく海軍だったのかに興味を持ち、番記者時代に理由を聞いたことがある。

「オヤジの生き様も見ていたし、俺にはそれほど軍人精神なんてなかった。それでも、出征して生きて帰れないなら、陸軍で無様な死に方をするよりも、特攻隊として華々しく死んだほうがいいと考えて海軍航空隊を選んだ」

１９４５年の春を迎えた頃、晋太郎は特攻に志願した。その日、「両親に別れを告げてこい」と上官に言われた晋太郎は、入隊して初めて郷里に戻ると、病床にあった父・寛と夜が明けるまで語りあった。寛は最後に「無駄な死に方はするなよ」とポツリと口にした。だが、晋太郎は「これで俺も思い残すことはない」と死を覚悟する。

その後、７月に実戦部隊への配属下令があり、晋太郎は横須賀鎮守府付を経て名古屋の航空隊で特攻陸戦小隊長として特攻訓練に励んだ。しかし、出撃を待っている最中に終戦を迎えた。

「終戦の時期が少しでもずれていたら、俺は特攻出撃で命を落としていた。平和は尊いんだ。大切にしなくてはな」

晋太郎本人から聞いた、いまなお鮮明に耳に残る言葉だが、死と隣り合った軍隊生活＝戦争体験があるからこそ、晋太郎には平和への思いが強かった。

ちなみに特攻志願後、仲間から「俺達を待つのは死だが、生きて戻ってきたら貴様は何をしたいんだ」と問われた晋太郎は、「俺か。ヤッパ、政治だな。政治家になるよ」とキッパリした口調で答えている。

その晋太郎は生まれてすぐ両親の離婚で母と離別、終戦直後の22歳のときには父・寛を亡くした。生き別れた母親を探して新宿駅周辺をさまよってもいる。晋三と同様に晋太郎もまた「家庭の味」を知らなかったのだ。そのためか、子供たちへの愛情表現が苦手だった。

ウメが、「パパが晋ちゃんを抱っこするのをほとんど見たことがない」と振り返れば、古参秘書も「晋太郎さんが子供たちの授業参観に出たという記憶がない」と話している。

安倍自身も、「父は滅多に怒らない温厚な人だったといわれるが、実際は厳しさと激しさを持った『剛』の人だったと思う」と言い、「家族への愛情表現も極端に不器用だった」と振り返っている。

それでも幼い安倍は、どの子供もそうであるように、何とか父を喜ばせようとした。ウメの回想だ。

「幼稚園くらいの頃、晋ちゃんがあめ玉をくわえながら、『ボク、パパのあとやるよ』って、政治家を継ぐって言い出した。三つ子の魂百までと言いますが、幼心に〝パパが一生懸命やっている。自分もいつかは〟と思ったんでしょう」

安倍が9歳のとき、晋太郎が3期目の選挙で落選した。返り咲くまでの3年半、父は選挙区に張り付き、母も月の大半、家を空けた。両親の愛情が欲しい小学校低学年の頃だった。バス遠足の途中、歌合戦になってマイクが回ってくると安倍は突然、同級生を驚かせる行動に出た。

「ボク、安倍晋太郎の息子です。安倍晋太郎をよろしくお願いします」

おとなしかった、そして政治家の息子であることを極力言わなかった安倍が、精一杯、学友たちの前で父の応援演説をしてみせたのである。

しかし、父が子供たちと顔を合わせる機会はほとんど失せ、次第に父子の気持ちはすれ違うようになる。

「たまに晋太郎さんが家にいると、晋ちゃんたちは炬燵《こたつ》でびっくりして『わぁ、今日はパパがいるよ』って。お化けじゃないけど、何かとてつもないものを見たような顔をしていた」と述懐するウメの言葉に、当時の安倍の心象風景を垣間見ることができよう。

安倍家に長く仕えた関係者によると、安倍の思いが父に通じていなかったわけではない。

「晋太郎さんは愛情表現が下手でしたが、長男の寛信君より晋三君のことが可愛かったのではないかな。晋三君が政治家を継ぐと言っていただけに、あえて厳しくあたっていた。対照的に洋子さんはどちらかというと寛信君のほうに愛情を傾けていたように見えた。しかし子供たちのほうは、寛信君は父親、晋三君は母親の愛情を求めていたように見えたから、逆だなという印象を受けた」

安倍兄弟に父と対照的な愛情の注ぎ方をしたのが岸だった。「政治家を継ぐ」と言う晋三の言葉に目を細め、小学校の運動会もお忍びで応援に出向いている。

「岸さんは大きな運動場の一番遠い隅っこの方でわからないように座って見ていた。それでも、子供たちには、岸総理が来ているとすぐ伝わった」（小学校時代の恩師）

幼い安倍は「いつもニコニコして、じっーっと見てくれている」と心強く感じていた」（洋子）岸の姿に、「おじいちゃんの愛情は自分に向けられていると感じていたのではないだろうか。

もっとも、岸は決して笑みを絶やさぬ「やさしいおじいちゃん」でいたわけでもなかった。「両親が不在がちだったことで自分が代わりにという思いがあった」（ウメ）ようで、躾には厳しかった。兄・寛信の回想だ。

「小さいとき、よく悪さ、といっても何かを壊したときとか、言うことを聞かないとかすると、おじいちゃんが凄く怖い顔をして外に引っ張っていって、邸内にあった蔵に入れられたものだった。そんなに長い時間ではなかったが、ドーンと重い扉が締まると真っ暗になるし、その怖さは相当だった。晋三もやられている」

それでも両親の愛情に飢えていた安倍にとっては、その思いを満たしてくれる岸は優しい存在だったのだろう。

どこか歪《いびつ》な印象を与えながらも絶妙のバランスの上に成り立っていた家族関係に、大きな変化をもたらしたのが弟の誕生だった。

「ボクはお前のお兄ちゃんだ」

「岸家」と「安倍家」という名門政治家の血脈を継ぐ安倍の人格形成につながる家庭環境を語るうえで欠かせないのが、5歳年下で現衆院議員の信夫の存在と、その関係だ。安倍は、生後すぐ養子に出されて岸家を継いだ弟の信夫に対し、複雑な感情を抱いていた——関係者の取材を進めると、そんな思いを禁じ得なかった。

信夫は岸が首相時代の59年4月に晋太郎・洋子夫妻の三男として生まれた。「3人目が男なら養子に出す」と岸家との間で交わされていた約束に従って、養子となった。洋子の兄・信和と仲子夫婦に子供ができず、信和自身、体の不調を抱えて政治家稼業に就くことが難しかったことに伴う縁組みだった。

「信夫はおじいちゃんの所に行ったから、うまいものはあるし、何でも贅沢した。だからあんなに太ったんだ」

安倍・岸両家を長く支えた関係者は、晋三少年がそう漏らしていたことをよく覚えている。そして、その胸中をこう推し量った。

「長男の寛ちゃんは安倍家の跡取りと見られていたし、総理大臣の岸家は弟の信夫君が継ぐことになった。子供心にもやっかみがあったのではないでしょうか」

男の子が複数生まれた場合には養子にする――庶民にはピンとこない名門一族の"掟"には、実は岸信介の生母・佐藤茂世が結婚する際に交わされた前例があった。約束通り、次男の信介は岸家へ、三男の栄作（元首相）は佐藤の本家筋へと養子に出され、今に至る岸、安倍両家の繁栄の礎《いしずえ》となった。

信夫の養子縁組をめぐって開かれた親族会議を知る人物の証言によると、岸の実弟で当時大蔵大臣だった佐藤栄作が、「晋太郎、本当にいいんだな」と念を押し、晋太郎は「女の子だったら絶対に渡さないんですけど……」と承諾した。信夫は生まれた病院からそのまま岸家に引き取られ、2人の兄とは離れて育てられることになる。

出生の秘密は本人には秘密にされたが、長じるに従い「なんとなく周囲と話をしていてもズレがあったりして、おかしいなとは感じていた」という信夫が、いつ真実を明確な形で知り、そのときの心境はどうだったのか、信夫本人に聞いたことがある。

「慶応大学進学時に必要上取り寄せた戸籍謄本を見たときのことだった。謄本に『養子』

とあった。見た瞬間にアレッと思った。戸籍には『長男』ではなく『養子』と書くのが正式なのか、などいろいろ考えた。でも、養子の意味はどう考えてもひとつしかないとわかった。そのときのショックは、それは大変なものがあった。それからひと月ほど『何で教えてくれなかったんだ』などの思いもあって頭の中が一種錯乱状態に陥った」

パニック状態は長くは続かなかったようだ。

「生みの親（洋子）をおばちゃまと呼び、育ての親（岸仲子）をお母さんと呼ぶことに違和感を抱いたことはあったが、養子に出されたのが晋三や寛信でなくて俺だったことについては、とくに恨みつらみは感じなかった。それを持ち出したところでどうなるものでもないしね。むしろ違和感を持たせないまま子供の自分を相手にして遊んでくれた2人には感謝しているほどだ」

そして、「安倍の家より岸家のほうが食べ物にしてもなんでもあったしね」と、ジョークを付け加えた。

信夫の誕生直後、養子に出すのに抵抗したのが、5歳にならない安倍だったという。

「やっとボクにも弟ができた」と喜んでいた晋三少年は不満を隠そうとしなかった。

「何でなの？」

そう食い下がって洋子を困らせ、「信夫が大きくなったら絶対『ボクはお前のお兄ちゃんだ』と話して聞かせる」と抵抗してみせたこともあるという。

「晋太郎さんもそんなことを言われたら大変なことになると思ったんでしょう。晋ちゃんは随分叱られたみたいだ」（安倍家関係者）

安倍は、さすがに弟に〝出生の秘密〟を漏らすことはなかったが、岸の愛情が〝内孫〟である信夫により多く注がれるようになったという身辺の変化を感じ取っていたのかもしれない。実際、信夫が生まれたあと、南平台の岸邸には、安倍が〝おじいちゃんを弟に奪われた〟と感じたとしても不思議ではない光景があった。

安倍の祖父との忘れがたい思い出になっているのが「馬乗り」だ。

岸の私邸が安保反対のデモ隊に取り囲まれ、外出がままならないとき、岸はよく寛信・晋三兄弟を「遊びにこい」と呼んだ。〈おじいちゃんと鬼ごっこをしたり、馬になって背中に乗せたりしてくれた〉——これまた、つとに知られたエピソードだ。時の首相にまたがる幼い安倍と、目を細めて馬役を買って出る岸の姿が浮かぶ。

洋子も息子たちと遊ぶ岸の様子を「ストレス解消になるというのか、父は本当に楽しそうだった」と振り返る。

だが、信夫がよちよち歩きを始め、安倍が幼稚園に通う頃になると、〝騎手〟は弟に取って代わられる。

「岸のオヤジが南平台に帰ると、まだ2歳になっていない信ちゃんが真っ先に出迎えた。そして馬になれと催促する。それでオヤジが馬になってパカッパカッとかやっていた」（岸家関係者）

安倍は、当時の弟への複雑な思いを、笑いを交えて明かしたことがある。

「祖父は圧倒的に信夫を可愛がっていた。寵愛を一身に受けていた。その前は私だったんだが。滅茶苦茶甘やかされているから少し鍛えてやらなければならないと、プロレスにかこつけたりして結構いじめた」

安倍が周囲に「ボク、パパのあとをやるよ」と言い出したのは、その頃だ。「安倍家の総領息子」である兄と、「岸家の跡取り」に決まった弟に挟まれて、両親や祖父に対する精一杯のアピールが「政治家を継ぐ」という言葉に表われたのではないだろうか。

第二章

遊びと挫折の学生時代はなぜ経歴から消えたのか

幼少時に刻まれた「おじいちゃんは正しい」という思いと、滅多に家にいない父に対する複雑な感情の狭間で成長していった安倍晋三には、ライバルとして兄と弟がいた。「家督を継がせる」という名門政治家血族の宿命は、やがて政治家を目指していく安倍に少なからぬ影響を与えた。

「晋三、お前はしぶとい！」

いくら安倍が「パパのあとをやる」と言って周りを喜ばせても、その前には常に安倍家の長男である兄・寛信の存在があった。

筆者は寛信に「後継者だと意識したことは？」と尋ねたことがある。こう述懐した。

「山口には古い考えが随分残っており、『寛信さんは長男だから政治家になるんでしょう』とよく言われた。子供の頃から政治家は嫌だと思いながらも、長男としてやらなければいけないのかなあという責任感みたいなものは何となくあった」

多かれ少なかれ兄弟は比べられながら育つのが世の常だ。政治家の家系となればなおさらだろう。養育係だった久保ウメは「兄弟の性格、行動は好対照で、小学校に上がってからはあまり一緒に遊ぶこともなかった」と言い、兄弟の違いをこう回想している。

「寛ちゃんは『お出かけ専門』、釣りが好きで外に遊びにいく。対して晋ちゃんは『連れ込み専門』で、友達を大勢連れてきて、そのまま泊めることもあるから、お手伝いさんには『ご飯を多めに炊いておくように』と言っていたほどだった」

安倍が連れ込んだ友人たちと「映画監督ごっこ」に興じ、あれこれ指示していたエピソードは前章で紹介した。〝お山の大将〟タイプの安倍が寛信と遊ばなくなったのは、さすがに2歳上の兄に〝大将〟を気取るわけにはいかなかったからかもしれない。

2人の性格の違いを象徴するような出来事が小学生の頃に起きている。ウメが極めつきの秘話を明かしてくれた。

「まだ晋ちゃんが小学校に上がっていない頃のことだったと記憶するが、珍しくパパ（晋太郎）が家にいた朝の居間で起きた出来事だった」

晋太郎の大事な物がなくなったようで、居合わせた晋三、寛信、ウメ、洋子の4人を前に怒気を含んだ声が寛信に飛んだ。

「何で泥棒をしたのか。お前がやったのか、謝れ！」

かつてない怒りの声を父から浴びた寛信は、よく飲み込めないまま気圧されて「ごめんなさい」と半べそをかくが、自分には身に覚えはない。その様子を見た晋太郎は、今度は晋三に向かって「じゃあ、お前か！」と詰問した。すると、こちらも〝無実〟を訴える晋三は、「真っ白けなハイハイ人形みたいな顔をして、ほっぺたをプーッと膨らませてパパをにらみ返し、親子のにらみ合いが続いた」。

「気の短いパパが我慢強かったこと」とウメは述懐したが、そのにらみ合いは半日も続いたという。さすがにウメが「なんとかしなくては」と思った頃、たまりかねたように晋太郎が言い放った。

「晋三、お前はしぶとい！」

晋太郎が白旗を揚げたのだ。晋三にしてみれば、いくら父とはいえ、濡れ衣を着せられるわけにはいかなかったのだろう。ウメはこのにらみ合いを見ながら思うのだった。

「小学校にも上がっていない子供がオヤジさんに向かって風船玉みたいになって、ごめんなさいをしない。なんとボク（晋三）は図太いこと。たいした度胸だわね」

ウメはこうも話した。

「私はパパとのケンカで最後まで屈しなかった姿が頭に残っているから、政治家になったあの子（晋三）が、自分のしたいことから逃げない、自分が思わないこと、駄目だと思ったことには一切妥協しない特性がいつ出るかと思っているの。ただね、何でも我を通すことがいいということにはならないでしょう。とことん突っ張る分、反動が出たときはそれだけ大きいことを覚悟しなくてはいけないのよ。私はあの子に、いっぺん退いて、それから攻めるというやり方が身に付けば、大きな政治家になっていくのではないかと思っているの」

「独裁者然とした振る舞いが目立つ」（自民党長老）ようになった安倍は、今、このウメの言葉をどう受け止めるか。

頑固な少年だった安倍は、家族以外にはどう映っていたのだろうか。

当時、東大駒場キャンパスに近い井の頭線池ノ上駅近くにあった安倍家では、兄弟が小学生の頃から東大生の家庭教師をつけていた。

自民党衆院議員の平沢勝栄もその1人だ。64年に東大法学部に入学した平沢は、元日本たばこ産業社長・本田勝彦の後を引き継ぐ形で、「安倍家は駒場寮とも近かったし、当時は週2回6000円が相場だったなかで週3回9000円と好条件の家庭教師募集の張り紙に惹かれて」（平沢）、小5の寛信、小3の晋三の家庭教師として2年弱、安倍家に出入りし、兄弟の勉強を見ることになる。

「安倍家に通っていた当時は、学生運動華やかなりし頃で、駒場寮は左翼の巣窟みたいな所だった。私も学生運動と関係もあった」という平沢は、「最初の面接で、思想的な面も含めあれこれチェックされると不採用になるかな」と思っていたという。

ところが晋太郎は、身元調査も含め何のチェックもすることなく、いきなり「よろしく頼むよって、えらいおおらかな対応で即採用を決めてくれたので、こっちがびっくりしてしまったほどだった」。

で、晋太郎から依頼されたのは「私はほとんど家にいない。勉強もいいが、一緒に遊んだり、いろいろ経験させたりしてやってほしい」だった。

安倍が幼少期に「団欒のない家庭」で育ったことは縷々《るる》、紹介してきた。平沢も晋太郎の「ほとんど家にいない」の言葉を、すぐに実感する。

63年の3回目の衆院選に「油断と慢心から」（晋太郎）落選して、「死に物狂いで復活を目指し選挙区を走り回っていた」からだ。「母親（洋子）も晋太郎さんのアシストのため選挙区に入り浸っていたから月1回顔を合わせる程度だった。その意味では気が楽だったが、幼い2人の少年には寂しさを感じさせないよう神経を使った」（平沢）。

実際、平沢は晋太郎の〝注文〟に忠実に応じ、安倍のキャッチボールの相手をしたり、映画に連れ出したりするなど「課外授業」に精を出すことを忘れなかった。65年の夏休みには、合掌造りで知られ、世界遺産にも指定された白川郷のある生まれ故郷の岐阜県・白川村に連れて行ったり、近隣の「飛騨の小京都」高山や郡上踊りで賑わう郡上八幡まで足を延ばし、「鮎釣りをして焼いて食べたさせたりもしたし、1週間ほど思いっきり田舎生活を楽しんでもらって、ずいぶん喜んでいた」。

ちなみに、平沢の生家である母の実家は、御母衣《みぼろ》ダム建設に伴い解体された後、岐阜県下呂温泉の「合掌村」内に移設され、「国指定重要有形民俗文化財・旧大戸家住宅」として現在まで保存、公開されている。

平沢の回想。

「2人並べて全教科をみたが、教えやすかったのは寛信さんだった。非常におっとりしていて教えたことをきちんとやってくれる。ある意味では絶対に敵をつくらないタイプだ。それに対して晋三さんは、非常に率直な子ではあったが、絶対自分の言ったことを曲げないようなところがあった。自分の考えにこだわるというか筋を通すというか、そういうところがあって、少しでも納得できないことがあると突っ込んでくるのは晋三さんだった。正直に言えば、辟易《へきえき》することがしばしばあった。ただ、どちらが政治家に向いているのかといえば、兄より弟の晋三さんだなと思ったりした」

辟易した体験とはどんなものだったか。

「挙げればキリがないが、一番困ったのはアインシュタインの相対性理論って何？　と突っ込まれたときかな。私だって全然わからない。空はなぜ青いのかとか、人間は死んだらどうなるのかなど、本当に色々なことを聞かれた。死んだらどうなるのかなんて、こっちが教えてもらいたい話だったがね（笑）。とにかく晋三さんは好奇心が旺盛な少年だった」

前章で少年時代の安倍が岸邸に押しかけた安保反対デモに反発を覚えたエピソードは紹介した。平沢は安倍兄弟を東大キャンパスで開かれた駒場祭に連れて行ったとき、その片鱗《へんりん》を見せられている。

「当時は佐藤内閣で学生運動が盛んな時期だった。展示や看板も反佐藤一色だったが、佐藤総理が岸さんの弟だと知っている晋三さんには、立ち並んだパネルについて『どうしてこんなこと書くの』と随分と食らいつかれた」

ベトナム戦争をはじめ日韓基本条約、米国原子力潜水艦の横須賀基地寄港などに反対する集会やデモが頻繁に行なわれていた時代の駒場祭とあらば、反佐藤ムード一色になっていた光景は容易に想像できる。晋三がそこで「祖父の敵」「一族の敵」を感じて反発を覚えたのはおそらく間違いなかろう。

平沢も安倍から「南平台のおじいちゃん（岸信介）の所に行くと、安保反対のデモ隊が大勢押し掛けてきて非常に怖い思いをした」という話をよく聞かされたと述懐している。兄・寛信によれば、「孫を誘拐するぞ」という脅迫状まで岸邸に届き、学校帰りには警察関係者が迎えに来るほどピリピリしていたという。

幼少期の恐怖体験と敵意が大きかったからこそ、「敬愛するおじいちゃん」の存在と実績を否定されたりすると、途端に豹変する青年が育っていったのだろう。

〝ヒダリ〟だった教師への反発

高校時代には、こんなことがあった。

1970年、安倍が高校1年生のときに、1960年に岸内閣によって改定された日米安保条約が10年後の自動延長の時期を迎えていた。

この年の前後は、条約破棄を求める学生による「70年安保反対闘争」のほか、東大安田講堂占拠事件、国際反戦デーでの新宿市街戦、米原子力空母「エンタープライズ」入港阻止行動の激化、「よど号」ハイジャック事件などが起き、騒然とした時代だった。

あくまで安倍の評価でしかないが、当時の同校の教師たちは「ひどい左翼かぶれでもなかったが、学校の中に左翼的な雰囲気が強く漂い、左翼がかった言動が一種、ファッションになっていた」のだという。

〝事件〟が起きたのは、倫理社会の授業で安保条約に話が及んだときのことだった。

〝左翼がかった〟教師の口から安保否定の言葉がポンポン飛び出した。「安保条約は日本の安全と繁栄に役立たない」「安保条約は日本を戦争に引きずり込む」——そんな教師の解説を聞くや、安倍は黙って座っていられなくなった。

「先生、ちょっと待ってください」

と立ち上がると、「それは違うんじゃないですか」と反論をまくし立てた。

「先生は日本の繁栄に役立たないと言いますが、例えば安保条約にある第2条というのをご存じですか。これは日本の繁栄の基礎を築いたのだと私は思います」

「経済条項」と呼ばれる第2条には、〈締約国は、その国際経済政策におけるくい違いを除くことに努め、また、両国の間の経済的協力を促進する〉とある。〝経済面でも仲良くしましょうね〟という程度の原則論が書かれた箇所ではあるが、高校1年生が授業中に〝そら〟で引用したとすれば、なかなかの弁士である。

安倍は岸から、「経済条項が大切なんだ。アメリカとの経済協力があったから今の日本の経済発展につながっているんだ」と聞かされていたという。

安倍は授業での発言をよく覚えていて、こう振り返っている。

「祖父が進退をかけ、国民のことを思って信念を持ってやったものを、教師が条約をきちんと読み、理解したわけじゃないのに、左翼的なファッション感覚で全面否定されるのは無念だったし、どうしても納得できないことだった」

だが、その教師は安倍が吹っかけた議論に乗ってこなかった。安倍の勢いに気後れしたのか、「岸の孫」との論議を遠慮したのか、サッと話題を変えてしまったという。

２００６年に第１次政権を担う少し前に上梓した『美しい国へ』（文藝春秋刊）の中で、安倍はこのときの心境をこう明かしている。

〈本当をいうと、そのときわたしは、条文がどんなことになっているのか、ほとんど知らなかった。でも祖父からは、安保条約には、日本とアメリカの間で経済協力を促進させるという条項があって、これは日本の発展にとって大きな意味がある、と聞かされていたので、そっちのほうはどうなんだ、と突っかかってみたまでだった〉

居合わせたクラスメイトの１人は「安倍君は仲の良かった政治好きな連中と、よく安保・憲法問題でやりあっていた。安倍君の勢いに気圧されて誰もが途中でギブアップしていたが、そのときの安倍君の満足そうな顔は未だに覚えている。とにかく自己主張と鼻っ柱の強い奴だった」と述懐している。

筆者のインタビューで本人は、「70年安保の頃はクラスでよく議論した。左翼かぶれのクラスメイトともやり合ったが、誰にも負けることはなかった」と語った。

この出来事は、「安倍が先生をやっつけた」と校内で広まる。同級生も、「『安倍は罰を食らって廊下で立たされた』とか、『倫理社会の科目で悪い成績を付けられた』といった尾ひれも付いて伝わった」と話している。

安倍に確認すると、「いやあ、成績の件は違うし、立たされてもいない」と一笑に付した。

筆者は同じインタビューで、巷間《こうかん》伝えられる中学3年当時の〝事件〟についても真偽を質した。これは、国語の授業で「憲法前文は美しい文章だ」との先生の言葉に反論したとされるものだ。安倍はこう答えた。

「それは、憲法前文を暗記させられ、空欄に答えを選択肢から記入する授業のことでしょうね。確かに先生は『美しい』と言った。でも、私は反論してはいない。高校時代の倫理社会の一件とゴチャゴチャになって伝わっているのではないか。ただ、中学校の授業のあと、『そんなに憲法前文が美しい文章かな』との思いはずっと頭の中に残っていて、それが高校での出来事につながった側面はあるかもしれない」

いずれにせよ、青年期に発露した、日米安保や憲法に関してすぐに激して反論する気質は、今もあまり変わっていないように見える。

「キレる安倍」のルーツ

安倍は、自分が正しいと信じる考えと違う意見を言われると、反射的にキレて黙っていられなくなり、猛然と反論するシーンが目立つ。例えば、2015年の通常国会で最大の焦点になった安全保障法制をめぐる国会審議では、たびたび自席から「ヤジ」を飛ばして謝罪や発言取り消しをするハメに陥ったり、質問とは違う持論を滔々《とうとう》と語って審議を紛糾させたりした。

母の洋子はそんな安倍の性格について、「見かけはちょっとソフトな感じだけど、結構芯が強いというか、子供の頃から言い出したらきかないとか、そういうところがあった。ちょっとでも筋が通らないと思うと、本当に嫌がりましたね」と語る。

長じて政治家になり、さらに権力の階段をのぼっていくうちに、その性格はますます強まっていったのかもしれない。ともすれば反対意見に耳を傾けることなく、逆に耳を塞いでしまう。テレビの報道番組に生出演したときなどは、「キレる安倍」の姿がしばしば全国に放映された。

代表的な例が、安倍が衆院を解散した2014年11月、TBSの『NEWS23』に出演したときの発言だろう。経済政策・アベノミクスによる景気の実感について、「景気が良くなったとは思わない」「全然アベノミクスは感じてない」という街の声がＶＴＲで流れると、安倍は「これ、おかしいじゃないですか！」と急に気色ばんで、「これはですね、街の声ですから。（テレビ局の）みなさん選んでると思いますよ、もしかしたらね」と意図的な編集があったのではないかと抗議した。

この発言はその後、自民党が在京テレビキー局各社に対して「選挙報道に偏りがないように」とする内容の申し入れを文書で行なった、いわゆる「報道圧力事件」に発展する。さらに選挙後（同年12月21日）には、ＮＨＫやテレビ朝日の関係者を自民党本部に呼びつけて〝事情聴取〟したことも物議をかもした。それらの背景にも、安倍のテレビ、マスコミへの不信感があったことは想像に難くない。

自民党が大勝利した総選挙投開票日の日本テレビ系『ＮＥＷＳ　ＺＥＲＯ』の選挙特番でも、自民党本部からの中継の際、安倍はアベノミクスによる賃上げをアピールしたが、キャスターに「安倍さん、中小企業のみなさんは賃上げの余力があるんですか？」と質問されると、いきなりイヤホンを外して文字通り耳を塞いでしまった。

耳は塞いでも口は開く。安倍が質問には正面から答えず、「再来年の春も（賃金は）上がっていきます」と一方的にまくしたてる異様な姿は、国民に強く違和感を植え付け、党内でさえ戦勝ムードに水を差す態度だったと煙たがられたものだった。

安倍の「反対意見に耳を塞ぐ」という体質は憲法や安保がテーマになると、とくに顕著になる。

安保法制審議で大いに紛糾した2015年の通常国会では、そうした姿勢が一層際立った。野党の質問中に「早く質問しろよ!」「そんなこと、どうでもいいじゃん!」とヤジを飛ばし、何度も謝罪、取り消しに追い込まれた。安保法制審議が参議院に移ってからは、「首相は座ったまま足を投げ出したり（不規則）発言したりと荒っぽくなってきている。これ以上委員会にふさわしくない態度なら、頭を冷やしてもらうため委員会を休ませていただきたい」とイエローカードを突き付けられ（8月26日、参院平和安全法制特別委員会理事会での野党発言）、自民党も「誠に遺憾」と陳謝した上で、再発防止を約束させられる事態まで持ち上がった。

安倍ウォッチャーとして筆者が驚いたのは、同年5月27日の衆院安保特別委員会での光景だ。野党議員から、柳澤協二・元防衛庁運用局長が新聞で安保法制への疑問を指摘していることを質問されたときの答弁だった。

安倍はここでも気色ばんでこう答えた。

「柳澤さんは間違っている。なぜ初歩的なことをわからずにべらべらしゃべっているのか」

柳澤は防衛庁の官房長や防衛研究所長を歴任した後、小泉内閣から第1次安倍内閣、福田内閣、麻生内閣まで4代にわたる自民党政権下の首相官邸で安全保障担当の内閣官房副長官補を務めた安全保障政策のプロだ。第1次政権で柳澤に支えてもらった安倍もそのことは十分承知しているはずである。

その柳澤が問題点を指摘しているにもかかわらず、自分の意見と違うからといって「初歩的なことをわからずに」と全否定してしまうのは明らかに不穏当である。「反対意見に謙虚に耳を傾ける」という姿勢がなく、〝敵ならば叩く〟と自らの思考を遮断しているように見えた。

同じように、憲法解釈の変更により集団的自衛権の行使を容認したことを批判された際に、「私が最高責任者だ」と切って捨てた言葉も、議論を拒否して思考を遮断してしまっているようで、筆者には「キレた安倍」の姿に映った。

「岸の教え」と安保思想

学生時代の議論なら、あまり行儀がいいとはいえないものの、まだ許されることもあるだろう。しかし、議会政治家としては、「反対意見に耳を塞ぐ」という姿勢は致命的な欠陥と言わざるを得ない。国会審議は勝った負けたの争いではなく、国家と国民の利益、命運に直結するからである。政治家のパフォーマンスショーでも討論バラエティ番組でもないのだ。

安倍の議論のスタイルが学生時代から進歩していないのは、厳しく言えば、その思想そのものが深まっていないからではないかと思える。安倍が「正しい」と信じる憲法や安保政策に対する考え方そのものが、彼の人生において、学生時代の議論や政治史、思想史、法学などを学ぶなかで身に付いたものでもなければ、政治家として国政に携わるなかで検証し磨かれたものでもない。幼心に「祖父の教え」として刷り込まれたものからほとんど成長していないと批判されても仕方ない。

国会の党首討論にしても、安倍は野党党首と憲法や安保について正面から議論を戦わせるのではなく、自分の考えを一方的に述べるだけで議論が全くかみ合わない。決まってそうなる。それは安倍の憲法論や安保問題についての考え方が「思想」というより、祖父・岸の「教え」だからであり、議論して互いの一致点や妥協点を見つけるような類のテーマではないからかもしれない。「自己主張はできてもディベイト（討論）能力に欠ける。基礎的な知識を学生時代なりに蓄積していないまま、じいさん（岸信介）のD

NAだけを要領よく引き継いだ。思想・思考が浅いまま政治家になり、若くして総理大臣にまで上り詰めてしまったことが、かえって彼の成長を止めてしまったのではないか」とは、安倍を近くで支えてきた自民党中堅議員の分析である。

おそらく安倍にとっては最も嫌いな政治家の1人であろう民主党の元総理・菅直人が、安倍の〝祖父信仰〟をこう指摘している。

〈安倍総理は小さいころから祖父であった岸信介元総理を尊敬し、岸総理がやったことはすべて正しいと母親から教えられてきている。祖父を尊敬することは一般的には決して悪いことではない。ほほえましいことである。しかし、政治家として祖父である岸信介元総理がやったことすべてが正しいと思い込むのは問題だ〉（安倍総理に対する提言）

大学時代の安倍兄弟を教えた教授が10年ほど前、筆者の取材に手厳しく語ったことがある。

「安倍君は保守主義を主張している。それはそれでいい。ただ、思想史でも勉強してから言うならまだいいが、大学時代、そんな勉強はしていなかった。ましてや経済、財政、金融などは最初から受け付けなかった。卒業論文も枚数が極端に少なかったと記憶している。その点、お兄さんは真面目に勉強していた。安倍君には政治家としての地位が上がれば、もっと幅広い知識や思想を磨いて、反対派の意見を聞き、議論を戦わせて軌道修正すべきところは修正するという柔軟性を持ってほしいと願っている」

総理大臣に上り詰めた今の安倍の政治手法を見ると、恩師の願いが通じているかは甚だ疑問に思える。

「東大へ行け」の父の言葉に反発

話を安倍の学生時代に戻そう。

安倍は筆者に「職業政治家への道をはっきり意識したのは中学の高学年から高校時代にかけてだった」と話した。

そこにはやはり岸の影があった。筆者に語っている。

「高校に入った頃、当時はマスコミも左翼的な空気が支配していて、私の通っていた学校は私立ではあったけれども、先生はみんな左。政治家は評判の悪い仕事なわけだ。しかも祖父はA級戦犯容疑者だったと批判されている。祖父はそんな悪い人じゃないのにと子供心に思っていて、そうした空気に対する反発があった。

しかし、それは政治家がうまく国民に説明していないからじゃないか、自分ならもっとうまく説明できるのに、とも思っていた。ちょうど70年安保の頃で、私はクラスで安保の議論をしても誰にも負けなかった」

そして大学進学の時期が近づく。

安倍・岸家はいわば「東大法学部進学」を宿命づけられた家系といえる。祖父の岸は東大法学部時代に、後に東大名誉教授となる法学者の大家・我妻栄と首席を争った秀才で、大叔父の佐藤栄作、父方の祖父の寛、父の晋太郎も東大法学部出身だ。

3兄弟のうち、寛信と晋三は成蹊小、岸家に養子に行った信夫は慶応幼稚舎に入学、いずれもエスカレーターで大学まで進んだが、母の洋子は「中学受験を考えたこともある」と明かしている。

「父や夫も東大で、〝東大じゃないと〟みたいなところがあった。でも、晋三にそんな意識はあんまりなかったみたい。結局、父も『成蹊は一貫教育がいいんだ』ということで、そのまま上に進むことになった」

洋子は「夫は子供たちの成績がどうとか、通信簿を見せなさいとか一切言わなかった」と話したが、それでも安倍が高校生になると、晋太郎は勉強を強いるようになった。

「あまり勉強は好きではなかった」という安倍に対して、この頃に晋太郎が「東大に行け、東大に行け」と尻を叩く光景を関係者は目撃している。

「成蹊はエスカレーターで大学まで行けるから晋ちゃんも勉強に熱心じゃない。晋太郎さんが『大学は東大しかないんだ』と言って、古い分厚い漢和辞典を持ってきて、頭をドーンと叩くところを一度ならず見たことがある」

しかし、政治家への思いと名門家系の誇りに胸をふくらませ、一方では思うようにならぬ勉学に羞恥とルサンチマン（自分より強い者に仕返ししたいという鬱結した心情）を募らせていた多感な高校生にとって、東大卒で反骨の政治家と称えられた父を持つ晋太郎の「愛のムチ」は素直に受け入れられるはずもなかった。古参秘書は「2人の溝はますます広く深くなっていった」と話す。

筆者は番記者時代、晋太郎が会合をハシゴして深夜帰宅する日々を見ている。「選挙に備え地元入りすることが多かった洋子夫人との夫婦関係も問題を抱えていた時期があった」（関係者）との証言もあり、子供たちにもそうした空気は伝わっていた。

当時、安倍家の関係者からこんな話を聞いた。

「反抗期というのか、晋三君が荒れていてね。成績も下がって晋太郎さんも洋子夫人もひどく心配している」

学歴コンプレックス

大学進学にあたり、政治家志望の安倍は成蹊大学法学部政治学科を選ぶ。「子供の頃から政治家は嫌だった」という寛信は同じ成蹊大学の経済学部に進んでおり、兄との道が分かれた。

寛信がなぜ政治家を嫌ったかについて聞いている。

「大学に入った頃から弟も私もオヤジの選挙を手伝っていたが、嫌でしょうがなかった。手伝いをしていて、あれほど嫌なものはないと感じるようになった」

そして決定的な出来事が起きる。

安倍兄弟の選挙の手伝いは社会人になっても続くが、「会社に入って何年目かの冬の選挙だった。雪が降る中で開け放った窓から吹き込む雪が膝に積もるほど寒風にさらされながら街宣活動をしていたことが祟って風邪を引いた。これがひどいことになって、ウイルスが脊髄に入って身体が麻痺してしまった。3か月ほど入院し、リハビリで会社を半年ほど休む羽目になった。嫌だ嫌だと思いながら手伝っていたから余計身体を壊すことになったのかもしれないが、この一件で、はっきりと政治家はご免だという気持ちになった」のだという。

ところで、安倍内閣には東大出身者が少ないことを気づいておられようか。

２０１５年10月に発足した第３次安倍内閣でいえば、東大出身は「お友達」と呼ばれる厚労相の塩崎恭久、「安倍チルドレン」の丸川珠代、加藤勝信の３人と、公明党の石井啓一の計４人しかいない。これは歴代内閣のなかでも極端に少ない例だ。

「晋ちゃんは東大出身者とエリート官僚が嫌い。議員でも東大出身者とは肌が合わないのか敬遠する傾向がある。エリートだった祖父や父に対する学歴コンプレックスの裏返しではないか」とは安倍と付き合いの長い議員の見方だ。

安倍自身、自民党幹事長時代のインタビューで、「祖父がやけに優秀でしたからね、そういうプレッシャーはありました」として、自らのコンプレックスについて、こう語ったことがある。

〈コンプレックスのない人間なんて、世の中にそういないですからね。一つは、小学校から大学までずっと成蹊学園にいたので、受験を経験していないんです。人間というのは、ある時、目先の目標を達成するため、大変な思いをして、勉強をするということが必要なのではないかという気がします。その代わり、国会議員になると、３年に１回くらい、（有権者に）判断されないといけないですけど〉（『Yomiuri Weekly』２００４年２月22日号）

もうひとつ、学歴絡みで気になるエピソードを紹介しておきたい。

最初の首相就任2か月前の2006年7月、安倍は自伝的政治観を綴った『美しい国へ』を上梓した。その中で安倍は、日米安保条約改定を成し遂げた祖父・岸信介の業績について書いている。

〈祖父は、幼いころからわたしの目には、国の将来をどうすべきか、そればかり考えていた真摯《しんし》な政治家としか映っていない。それどころか、世間のごうごうたる非難を向こうに回して、その泰然とした態度には、身内ながら誇らしく思うようになっていった〉

それから7年経った13年1月、首相に返り咲いた安倍は旧著に最終章を加筆、『新しい国へ』（美しい国へ　完全版）を出した。このリニューアル版の最終ページに目がいったとき、「アレッ」と違和感を覚えたのは、筆者が安倍に特別な思い入れがあったからこそだろう。それは普通は気付かないような小さな変更だった。前著『美しい国へ』の略歴にあった次の箇所が、そっくり削られていたのである。

〈成蹊大学法学部卒業。神戸製鋼所勤務を経て、82年に父・安倍晋太郎外務大臣の秘書官に〉

当時、この不自然な〝校正〟に編集関係者の間では「原稿にはほとんど朱筆が入っていないのに、何でわざわざ最終学歴だけ訂正が入るんだ」と苦笑が広がった――と伝え聞いた記憶があるが、安倍を知る自民党議員も「学歴コンプレックスの裏返しと受け止められかねないのに」と苦笑していたものだった。なぜ、安倍は最終学歴まで削除する必要があったのか。

実は、安倍・岸家という「東大法学部進学」を宿命づけられた家系に育った安倍が、エスカレーターで成蹊大学法学部に進み、周囲の期待や重圧に気持ちの整理をつけ、自分の目指すべき進路を「政治家」と定めるまでには、道を見失い霧の中をさまよい歩く姿に似た「彷徨《ほうこう》の時期」があった。

アルファロメオと雀荘

成蹊大学法学部政治学科に進んだ安倍は、「政治家の息子」であることを隠すこともなくなっていた。真っ赤なアルファロメオで通学し、アーチェリー部に所属しながら雀荘に通うようになる。

「親父が安倍晋太郎という政治家でね」

「そう、岸さんの孫ってわけだ」

入学直後のオリエンテーションの帰り道、安倍とそんな言葉を交わしたことをよく覚えている学友の1人が証言した。

「アルファロメオで通っているヤツがいると皆で驚いたら、安倍君だった。当時は学習院のアーチェリー部に可愛い女子部員が多くて、今でいう合コンに誘ったり、吉祥寺や新宿の行きつけの雀荘によく通ったりして、時に徹夜で遊んだものだった。安倍君は小遣いが少なかったようで、互いに〝マージャンに負けたら帰りの電車賃がなくなる〟と必死で打ったものだった」

麻雀好きは安倍家の〝遺伝〟で、父の晋太郎は政治家仲間とよく卓を囲んでいた。時々そばで見ることがあった筆者は、「トイレに行く。ちょっとの間、代わってくれや」と頼まれた経験もある。母の洋子も母親（岸の妻）らと麻雀をしていたと古参秘書は明かす。安倍も麻雀が強いことで知られる。

安倍の麻雀の癖について、仲の良かった友人からこんな秘密を聞いたことがある。

「彼はコップの冷水の氷を噛むのが好きで、テンパイしたとき、きまって氷をガリッと割る。それで、こっちは〝張ったな〟とわかるわけです」

授業には熱心ではなかったようだ。

「大学時代、そんなに勉強はしていなかった。ましてや経済、財政、金融などは最初から受け付けなかった」と振り返った大学時代の恩師の言葉はすでに紹介したが、こんな出来事を学友は話してくれた。

安倍が官房副長官時代の3月某日、学友がたまたま電話を入れたとき、「今日は時間が少し取れるから」ということで、一緒に昼飯を食べることになった。安倍と学生時代の話に花が咲き、2人で新宿から母校・成蹊大に行った。春休みで校内は閑散としていたが、語学教室などを見て回ったとき、学友は尋ねた。「そういえば、俺のほうがずっと勉強していたのに、何でお前だけ合格点を取ってたんだ?」。安倍は、「そんなの要領だよ、要領」とさらりと答えたという。

この政治家の人物像を描くにあたり、「要領」という〝安倍語〟は重要な意味を持つ。勉強を要領よく済ませるかたわら、安倍はアーチェリーのサークルに打ち込み、学園生活を謳歌した。アーチェリーは、集中力はもちろんだが、背筋力と腕力も必要とする。「華奢《きゃしゃ》でヒョロッとしていた」（学友）安倍が、なぜアーチェリー部を選んだのか。

「小学生時代に少し剣道をやっただけだったし、大学進学を機に何か運動をしたいと思っていたところ、校内で勧誘のビラをもらった」という安倍は、ここでも要領よくサークルを選んだようだ。「スキーやテニスだと腕の立つ連中が入ってくるし、自分には体力がそうあるわけでもなく太刀打ちできない。アーチェリーならスタートが一緒でハンディもないし、試合にも出られるのではと考えていた」というから、それほどこの競技に深い思い入れがあったわけではないようだ。当時、成蹊大学アーチェリー部は関東学生リーグの2部だった。

「2部とはいえ、うちの大学の運動部のなかでは強豪で練習もきつい。年に100日くらい合宿があって、安倍家の河口湖の別荘も打ち上げによく使った」

部活動仲間の1人が、そう振り返った。

「華奢で痩せていた安倍君の腕前は補欠と正選手の間くらいだった。団体戦には交代選手として出場していたと記憶している。そのくらいのポジションだと途中で練習に身が入らなくなる部員もいるが、彼は真面目にやっていた」

そして大学4年時には運動部の予算配分を調整する体育会本部の会計局長に選ばれた。

「当時は学生運動が下火になっていたが、文化系と体育会系は仲が悪かった。そのなかで安倍さんは結構予算を取ってきたし、学校側との調整も率先してやっていた。交渉力や調整力がある人だという印象が残っている。将来を嘱望されていた大物政治家を父親に持つことも、そういうときには役に立ったみたいだ」とは後輩部員の述懐だ。

「役員は先輩の指名で決まる。財布の紐はあいつに任せておけば安心という信頼感があった」と、別の元部員も振り返っているが、「金銭感覚がしっかりしている」という評価は安倍の知られざる一面と言っていい。

安倍家の養育係だった久保ウメはこう回想している。

「『余計な金は持たせるな』とするパパ（晋太郎）の方針で子供の頃から小遣いが少なかった。だから晋ちゃんは小さい頃からお釣りの計算も、お小遣い管理もしっかりする子だった」

ちなみに中学時代に所属した地理研究部でも安倍は会計を任されている。

青春を謳歌といえば、学友の記憶に残る思い出の1つに安倍によるコンパ強制同行がある。アーチェリー部員でもないのに、この学友は安倍に「おい、今日は学習院アーチェリー部とコンパがある。お前も絶対来いよ」としばしば声をかけられ連れ回された。「面食いの彼は美人が多かった学習院とのコンパが楽しくてしょうがない様子で喜々として出かけて行った」。

別の学友は「安倍は大物政治家の息子ということで抑えている部分があって、学生時代も特定の女性とは付き合っていなかった。それだけに女子大生と心おきなく交流できるコンパなんかが息抜きとして楽しかったのではないか」と話している。サークル活動に打ち込み、コンパに足しげく通う半面、幼少期から「パパのあとをやる」と宣言して、中学・高校時代には安保条約をめぐって教師と激しく論争する一面を見せた安倍の政治志向は、大学時代には影を潜めていた。

筆者は10人近い学友に取材したが、約半数は「あいつは政治家になる気はなかったのではないか」という印象を述懐している。ゼミの友人の1人は、こう語った。

「本当に後を継ぐ気であれば、もっといろいろな知識を吸収して〝将来、日本はこうあるべきだ〟といったモチベーションがあってもよかった。でも当時の安倍君には、そういうビジョンは感じなかったし、その片鱗を語ることもなかった」

「官僚になれ」という岸の指示

学生生活も終わりが近づき、卒業後の進路を決断しなければならなくなった時期、祖父の岸が安倍に声をかけた。

「官僚にならんか」

岸・佐藤兄弟は東大法学部、官僚、政治家のコースを歩いた。岸は自分の孫にも同じように官僚から政治家への道を歩ませたかったのかもしれない。「東大へ」と迫る父に反発した安倍も、敬愛する祖父の言葉には悩んだようだ。

しかし、官僚になるためには難関の国家公務員上級職試験を突破しなければならない。大学までエスカレーターで受験の経験がなく、青春を満喫してはいたが「あまり勉強はしなかった」安倍にとって、「官僚」は高すぎるハードルと感じたはずだ。学友は安倍からこんな悩みを打ち明けられている。

「安倍君はおじいさんから、『官僚にならないか』と言われて、『オレは官僚には向いていないんだよな』としきりに愚痴っていた」

結局、優しく敬愛するおじいちゃんの勧めにも従わなかった。

大学時代の４年間部活動をともにした別の友人は「安倍君から『政治家を継ぐ』と、はっきり聞かされたのは卒業間際だった」と明かす。

「体育会本部の打ち上げか何かのときに、酒を飲まない彼が真剣な顔で、『将来は政治の道に進み、弱い人たちに光を当てるような政治家になりたいんだ』という言い方をした。それまで、こいつは将来、本当は何になりたいのだろうか、と思わせるほどホワーッとした印象を与えるだけで、将来をはっきり語るのを見たことがなかったから、このとき、やっぱり政治家を継ぐ気なんだと初めてわかった」

それでも、政治家を目指すうえで何をすればいいのか、明確な「解」を見出すことは難しかったようだ。

兄は成蹊大卒業後、東大大学院に進学していたが、安倍は勉強が好きなわけでも得意なわけでもない。官僚にはなれない。学友たちはとっくに就職活動の準備を進めていて完全に出遅れた。政治家への思いは芽生えていたが、何の経験も実績もないまま父の秘書になることには抵抗を感じていたようだ。出した答えは、アメリカ行きだった。

「学究に燃えてということでもなかった。とりあえず世界を、アメリカなんかを見てきたいな、という程度の気持ちだった。ずっと英会話は習っていたし、英語に磨きをかけたいとも思った。まあ、語学が多少できるようになれば、ということで決心した」と筆者に話している。母の洋子も「留学は本人の希望でした」と語ったが、安倍家関係者は「晋三君を政治家にするため留学で箔をつけさせようという親心もあって、晋太郎さんは留学を許したのだと思う」と背景を推察した。

小学校から大学まで自由気ままな学園生活を送った安倍であったが、社会人として人生を踏み出すにあたって、祖父や両親の大きな期待に応えきれないことに苦しんでいた節がうかがえる。複数の学友は「卒業を控えた進路選択の頃が安倍君は一番精神的に追い詰められていたんじゃないか」と口をそろえている。

月10万円のコレクトコール

２０１５年のゴールデンウィークに訪米した安倍は、米議会での演説後にロサンゼルスに立ち寄り、南カリフォルニア大学（以後、南加大）のキャンパスを訪ねている。

留学先だった南加大は、ロスではＵＣＬＡ（カリフォルニア大学ロサンゼルス校）と並ぶ名門校として知られる。映画監督のジョージ・ルーカス、元メジャーリーガーのマーク・マグワイア、元国務長官のウォーレン・クリストファーらを輩出、元自民党副総裁・二階堂進も卒業している同大は、当時、学生数2万９０００人を擁するマンモス大学だった。安倍は４６００人の外国人留学生の1人として、アメリカでのキャンパス生活を送ることになる。もっとも、留学時代の学友は「ＭＢＡ（経営修士号）を取ろうといった意気込みはなく、単なる遊学だったのだが、晋ちゃんは将来に悩んでいた時期だったからね」と振り返る。

77年に大学卒業後、そう日をおかず安倍は母・洋子、実弟・信夫や数人の学友に見送られて意気揚々と羽田からロスに旅立つ。

私が安倍について本を執筆しているときに出版社による現地調査でわかったことだが、実は「留学」といっても、安倍は最初から南加大に通ったわけではなかった。祖父・岸の代から安倍家と親交があった華僑のM氏の世話でイタリア系の老婦人の家に下宿しながら、9か月ほど同じ西海岸のサンフランシスコ・ヘイワードにある英語学校・ヘイワード校で語学研修し、南加大に入るのは翌78年1月になってからだ。

この頃にもまだ「幼少期の家庭環境を引きずり、すごく寂しがり屋」(ウメ)だった安倍は、慣れない外国暮らしもあって次第にホームシックを募らせ、お坊ちゃん育ちの甘い一面をのぞかせていく。

洋子は「Mさんは責任感の強い方で、晋三が寂しがっているようだからと自宅に呼んでくれたり、遊びに連れて行ったり、世話をいただいたようです」と語っている。

安倍のホームシックは学友の間でも有名になった。学友の1人は後に、安倍自身からも「ホームシックから、えらく落ち込んだ時期があった」と打ち明けられている。

安倍は寂しさを友人達に頻繁に手紙を出すことで紛らわす。

「こんな友人ができたとか、便箋5~6枚に日常を書いてくる。他愛のない何ということはない内容だったが、頻繁に手紙が来れば、どうしても安倍の奴、寂しいんだろうと思ってしまう」(学友)

こんなエピソードもある。

寂しさに耐えられなかったのか、安倍はやたらと東京の実家にコレクトコールをかけてくるため、父・晋太郎が堪忍袋の緒を切った。

「毎晩のようにかけてくる国際電話代が10万円にもなる月が続いた。さすがに晋太郎さんが『何を甘えているんだ。それなら日本に戻せ！』と声を荒らげた」（安倍家関係者）

78年に南加大に通い始め、秋期講義を終えた時点で、短かった留学生活は幕を閉じることになる。さすがに安倍は帰国後、「本当はもう少し向こうにいたかった」と漏らしたのを学友が聞いている。

晋太郎は、晋三を帰国させて会社勤めをさせ、いずれ秘書として自分の下で政治家修業をさせたいと考えていた。結局、安倍は後ろ髪を引かれる思いもありながら、晋太郎の意向に従って離米を決意したようだ。

79年の春先、安倍は帰国する。

安倍が自民党幹事長時代、この「留学」経歴が国会で問題視されたことがある。

安倍はそれまで経歴書に〈南カリフォルニア大学政治学科に2年間留学〉と記していたが、南加大は1年強しか通っておらず、しかも、留学の実相は9か月間、政治学科に籍を置きながら政治学の単位は一切取得していなかった（この問題は『週刊ポスト』2004年2月13日号がスクープしたことで発覚した）。以後、経歴から「留学」は消され、現在は安倍の公式サイトのプロフィール欄にも記載はない。別に隠したい経歴でもないのだろうが、本人にとって誇るべき実績とは言えないということなのだろうか。

「政略就職」

帰国した安倍に、「就職」という人生の岐路が待っていた。

父・晋太郎の考えもあり、安倍はサラリーマンとして社会に出る決断をする。途端に、「どこに就職するか」で周囲が騒がしくなる。当時、農林大臣や官房長官を歴任し、飛ぶ鳥を落とす勢いだった大物政治家・晋太郎の息子とあって、大手商社から銀行まで有名企業からは引く手あまただった。

晋太郎は山口県人が経営する中堅商社で社会経験を、と考えていたが、最終的には地元・下関に長府製造所を置く「選挙区で一番大きい企業」である神戸製鋼所に入社する。

安倍の3年7か月のサラリーマン生活をお膳立てしたのは、岸にも仕えた古参秘書Aだ。地元・山口に就職した裏には、選挙区事情が絡んでいた。

中選挙区制時代、晋太郎の選挙区・旧山口1区（定数4）には、他に田中龍夫（元通産相）、林義郎（元蔵相。安倍内閣で農水相を務めた林芳正の父）という自民党実力者がいた。晋太郎はトップ当選を続けていたものの、大票田の下関は地元のバス会社・サンデン交通などを経営する林家の地盤で、食い込めずにいた。

敷地面積3万7000平方メートルを有する長府製造所の約半分の土地は、周辺一帯の土地を代々所有する林家が寄付したものだった。同社が〝林系〟だったことは、言わずもがなだ。「あそこ（同社）は林で動いていた。安倍陣営は、長府地区では人が集まらないから個人演説会1つ開けないほどだった」（地元事務所関係者）。

「将来の宰相候補が自分の選挙区に弱点地域を抱えていたのでは様にならない」と考えたAは、息子である安倍を地元の大企業に送り込めば「林王国」切り崩しにつながり、晋太郎の選挙地盤を広げることができると計算したようだ。

安倍の就職は、晋太郎の選挙政略と結び付けられた「政略就職」だったことになる。

だが、難問があった。Aは話す。

「潔癖性のオヤジ（晋太郎）は、ワシが考えたような政略的な選挙対策を極端に嫌う。一言でも神戸製鋼入社構想を匂わせれば、自分の選挙区事情を知るオヤジにその魂胆を見抜かれて、『選挙対策をお前に教えてもらう必要はない』と、はねつけられることは目に見えていた」

Aは「林対策」とはおくびにも出さず、裏で周到な環境作りを続けた。まず外堀を埋めるためにターゲットにしたのが岸だった。「岸さんは鉄鋼大手の大幹部たちと昵懇《じっこん》の間柄だった。初めに岸さんを抱き込んで、その口から『晋三を鍛えるなら鉄鋼はいい』とオヤジに言ってもらった。それから神戸製鋼の幹部に根回しして、オヤジが拒否できないよう先手を打った。神戸製鋼は林派とはいえ、首脳たちはオヤジと深い付き合いがあって、よく飲んでいたからね」(A)。

環境が熟したところで、Aは本丸攻めの準備に取り掛かった。晋太郎に1対1で会うことから始めた。余計なことは一切言わず、単刀直入に「晋三さんの就職先は神戸製鋼にしますか」とだけ言った。「オヤジはうんも、すんもなかった。これで内堀も埋まった。ワシが持ち掛ける前に、すでに会社首脳との間で晋三を預けるということで暗黙の了解ができていたようだったな」(A)。

これには晋太郎サイドの事情もあった。晋三が南加大での秋期講座を終えた頃、にわかに晋太郎の身辺が慌ただしくなっていた。78年秋、晋太郎が官房長官として仕えていた首相・福田赳夫が、〝闇将軍〟田中角栄の支援を受けた幹事長・大平正芳との総裁選に、あろうことか予備選で敗北するという予想外の事態が起きたためだった。

敗れた福田は「時には天の声にも変な声がある」と有名な言葉を吐き、小泉純一郎ら中堅・若手の主戦論に頑として耳を貸さず、本選挙を辞退して官邸を去る。官房長官ポストから外れることになった晋太郎は、総裁選敗北の後始末と自分の身の処し方で精一杯となり、息子の就職で自らの主義主張を押し通すような余裕がなくなっていたのだ。

内堀も埋めたAは、いよいよ本丸＝安倍落としにかかる。身の振り方が決まらないことにじりじりし始めた安倍には、こう言う。

「神戸製鋼でどうか。おじいちゃん（岸）も、それがいいと言っているから」

安倍にとって岸の言葉は殺し文句だ。反対するはずはないとの確信がAにはあった。安倍は、こちらも「うんも、すんもなく」首肯した。母の洋子も、一切口出しすることはなかったという。

こうして就職問題は決着する。

ちなみに、Aが狙った晋太郎の選挙地盤強化の狙いはどうなったかといえば、安倍の同社入りと軌を一にするように、林との差が総選挙を重ねるたびに開いていった。それまでの1万台から2万台、4万台と引き離していく。晋太郎が亡くなる前年の90年総選挙では、林は3位に落ちてもいる。「政略就職は大正解だった」（A）ということなのか。

だが、当の安倍にとっては就職のタイミングが悪かった。アメリカから帰国した頃には、神戸製鋼所の入社試験も入社式も終わっていたからだ。

国内には配属場所がなかったため、「会社からは、英語が話せるならニューヨーク事務所に1年ほど行ってほしいと申し出があった。翌年、日本に戻して他の新入社員同様、溶鉱炉の現場を経験させることになった」(A)。

これを聞いた安倍は大いに不満だった。安倍としては、どこに入社が決まるにせよ4月1日に正式社員としてスタートを切りたかった。それが途中入社の形になった。加えて「アメリカから帰ってきたばかりなのに、またアメリカに何しに行くんだ」という強い抵抗感もあったのだろう。Aにこう不満をぶつけている。

「神戸製鋼では、新入社員はまず溶鉱炉の現場に行くのではないんですか。途中から入って腰掛けで勤めるのは嫌だなあ」

Aは臆することなく言った。

「ニューヨークならあんたの英語に磨きをかけることもできる。英語の勉強をしてくるつもりで行ってきたらいい。来年は初めからオリエンテーションを受けることで納得してもらいたい」

日をおかずAは、「入社祝いをしよう。会社の若手も一緒に連れて来たらどうだ」と安倍に声をかけた。10人ほどの若い社員とともに、安倍は東京・新橋のJR線のガード下にあった焼鳥屋に連れて行かれた。てっきり豪勢なレストランで食事会と思い込んでいた安倍は、いぶかしがって「お祝いはどこでやるの」と声をあげたという。

「ここでやるんだ」

「えっ、ここで？」

安倍は不満顔で問い返した。

「彼の驚いた様子をいまだに覚えているが、電車が通過するたびに揺れ、煙が立ち込める店での祝う会は次第に盛り上がって、良い入社祝いと送別会になった。最後は彼もすっかりボルテージが上がり、納得して『ありがとう。向こうでは頑張ってやってきます』と言われた」（A）

Aにすれば、社会人として歩き始める坊ちゃん育ちの安倍に、ガード下の焼鳥屋という〝サラリーマンの味〟を教えておこうという親心だったのではないか。

同社の記録では、安倍の入社日は「79年5月1日」となっている。留学を打ち切って帰国した直後である。

米国へのUターン

政略就職に無抵抗の安倍だったが、皮肉にも待っていたのは留学に挫折した米国への

Uターンだった。

それでも晋太郎に「しっかり頑張ってこい」と送り出された安倍は、マンハッタンのど真ん中、ミッドタウン・イーストにあった神戸製鋼ニューヨーク事務所で「アベちゃん」と呼ばれながらサラリーマン生活の一歩を踏み出した。

「おーい、君たち、ちょっと集まってくれや」

――神戸製鋼所ニューヨーク事務所のフロアに所長の声が響いたのは、安倍が赴任する直前のことだった。「なんの話や、急に」と集まったスタッフ一同に、「実はな」と、こう切り出した。

「安倍晋太郎さんの息子さんが、この事務所に1年間来ることになった。君たちがいろいろ仕事をしているなかで、うちがどんなことをやっているか経験してもらう。よろしく頼む」

話が終わるとスタッフたちは、「こっちは仕事で忙しいんだ。代議士の息子のお守りなんて冗談じゃないよな」などと、ぶつくさ言いながら席に戻って行った。

そんな空気があるとはつゆ知らぬ安倍は、アールデコ調の名門ホテルとして知られるウォルドルフ・アストリア・ホテルの南側、日本領事館のすぐ目の前に建つウェストベイ・コ・ビル29階のNY事務所に出社した。

「安倍です。よろしくお願いします」

目の前に現われた安倍の姿と物腰を見るや、所内の空気は一変する。

当時の上司はこう振り返る。

「スーッと目の前に立った安倍君は、えらく優男で、シャイで、そして全然、大物代議士の息子らしくない風貌と態度だった。悪く言えば線が細い、いかにもお坊ちゃんという感じだった。それで皆アレッていう感じで、逆に『この人ほんとに将来代議士になるんかな』と心配したくらいだった」

事務所は所長のほか駐在員13人とアメリカ人女性秘書3人の総勢16人。その一員になった安倍は総務グループに配属される。駐在員の出張の同行はむろん、出張など各種費用の計算、日本からの客の送迎運転まで何でも屋、便利屋的に使われた。

ここで安倍は新入社員として仕事のイロハを学ぶ。

こんなこともあった。コネチカット州の鉄加工会社との折衝後、リポート提出を迫られた安倍は、スタッフに「書くことがない。どうすればいいか」と相談する。アドバイスを受けて書いたものの、内容に乏しく、スタッフが添削に四苦八苦する。それでも安倍は悪びれた態度を見せることはなかった。

「関係ねえや、と小さいことにこだわらない度胸があったのでしょう。まあ、大物の片鱗を見せたということかもしれない。それでいて周りが『若造が何を甘ったれているんだ、この野郎！』とはならないのも人柄だったと言えなくもない」（元上司）

アフターファイブには、独り身の安倍は何かにつけ「おい、アベちゃん、行くか」と麻雀、カラオケなどに誘われた。

当時、神戸製鋼所では米国駐在は妻子同伴が原則だったなかで、また1人暮らしを強いられた安倍に、駐在員たちは気を配った。

「独身は彼1人だったから、寂しがらせないように週末はゴルフに誘って、帰りは『晩飯食っていけよ』と社員が順番に自宅に招いて食事をした。彼は絶対誘いを断わらなかったから、みんなに可愛がられていた」（同前）

ウィークエンドにはアッパータウンのアパートから、当時、日本人が多く住んでいたマンハッタンの対岸に架かるジョージ・ワシントン・ブリッジを渡った先にあるニュージャージー州フォートリーの上司のアパートをはじめ、スタッフの家を順繰りに訪ねては、「家庭の団欒」の輪に入って食事を共にしたり、家族とスキーに出かけたりして寂しさを紛らわせた。

そうした周囲のサポートもあり、赴任までは不満たらたらだった安倍も、仕事とNY生活に慣れるに従い、「仕事が楽しくてしょうがない」と気持ちが大きく変化していったようだ。しばらくしてAがNYで安倍と再会した際には「仕事が面白い」を連発し、「文句なんて全く言わなくなっていた」。

次第に生来の物怖じしない、悪びれないお坊ちゃん気質も顔を出し、上司や先輩を「あいつはやっぱり大物かも」とうならせる（苦笑させる）振る舞いも見せたようだ。

なかでも〝駐車違反事件〟は当時の語り草になった。

同事務所では、スタッフ全員にリース会社から借りた車を使わせていた。だから駐車違反をすると、違反切符が警察署からリース会社経由で事務所に回ってくる。その都度、総務スタッフが罰金も含め処理することになっていた。ところが、安倍の駐車違反件数は飛び抜けて多く、総務スタッフはその処理で苦労する羽目になる。それでも安倍は「すみません。よろしくお願いします」とペコリと頭を下げるものの、小さくなることはなかったし、駐車違反が減ることもなかった。

「人間関係を含めサラリーマン生活がどんなものか、駐在員活動がどんなものか。それにアメリカ人との付き合い方、交渉の仕方などを垣間見ることができた」

安倍自身がそう振り返ったNYでの1年は「アッという間に終わった」。

駐在員時代の上司たちの温かさが忘れられなかったのだろう。後に安倍は晋太郎の外相秘書官に就いてからも、晋太郎の外遊に同行してワシントンやNYを訪れると、必ず日本酒など「日本の味」を手土産に事務所へ顔を出し、「差し入れです」と置いていったという。

新人寮に耐えられずダウン

帰国した安倍は80年5月1日、新入社員と一緒に1年遅れの新人研修後、配属式で兵庫県・加古川製鉄所の厚板部門勤務の辞令を受け、晴れて「嘱託」から「正社員」になった。6畳一間の独身寮の相部屋で同僚と寝起きする生活が始まった。

安倍が送り込まれたのは、工程課厚板係。厚板は、溶鉱炉から送り出された数千度にもなる鉄塊が板状に延ばされ、ローラーの上を真っ赤に熱した状態のまま運ばれていく間に成形され出来上がる。その課程を管理するのが安倍の仕事だった。安倍がウメに「ローラーに落ちて足をなくした人もいる」と漏らしたように、危険と背中合わせの職場でもあった。筆者もローラーの上を熱い鉄板が流れる上部に架かっている金網状の「渡り廊下」に立ってみたが、下からの熱は尋常ではなかった覚えがある。安倍も火傷した経験があったという。

安倍と1年近く過ごした寮の部屋を案内してくれた元同僚が話した。

「学卒が3年間勤める新入社員の仕事は、たいてい現場と営業の調整でした。厚板部門は独特な空気で、現場には叩き上げで個性豊かな職人気質のブルーワーカーが多い。溶鉱炉の前で命懸けの仕事をするから気も荒い。きつい言葉も飛ぶ。調整と言えば聞こえはいいが、つまり彼らに工程の指令書を渡して『お願いします』と頭を下げるのが新入社員の仕事です。今でこそパソコンで指令書を作成、瞬時に現場に送れるが、当時は手書きで指令書を作り、プリンターで印刷、これを今日の指令書、明日の指令書と新聞配達員のごとくバイクや自転車で現場まで行って配って回らなければならない。土日も出社することが多いしんどい仕事だった。でも、安倍さんは現場の大先輩たちにもうまく対応していたし、努力もしていた」

神経を使う現場環境に加え、寝起きする寮の部屋も新人ならではのものだった。

「部屋は狭くて息苦しいほどだった。あまり清潔とも言えず、クーラーもなく夏は寝入るのに大変だった。暖房はあったけど蒸気式でうるさく、テレビもないし、メシもうまくなかった。くつろぐ我が家というものではなく、9時に出て行って5時半に工場から帰ってただ寝るだけの生活所だった。共同浴場だったし、誰とはなしに『二俣プリズン（刑務所）』と呼んでいたくらいだった」（元同僚）

この頃、大学時代の友人は安倍が「工場勤めも結構いろいろあって難しいんだよなあ」「現場のオヤジさんと心を通じるって大変なんだ」と漏らすのを聞いているが、仕事より、むしろ日常生活になじむほうが安倍には難しかったのかもしれない。

製鉄所は365日稼働のうえ、「24時間3シフト制」という勤務も安倍が生活のリズムを崩す要因になっていた。

「寮には交替制の現場勤務者もいる。酒なんか飲んでいると、『こっちは早出でもう寝ているんだ！』とか、休日でも朝ガタガタすると『夜勤明けで寝たばかりだ。静かにしてくれや！』などとやられ、気を使う生活を強いられる。工場勤務も寮生活も、新入社員にとっては規律正しく生活し、仕事をすることで鍛えられていく場ではあったが、きつかった。修行の場みたいなものだったが、周りに気を使って板挟みになってしまうと、どんどんおかしくなることにもなる」（元同僚）

結局、溶鉱炉の現場勤務も長く続かなかった。生来の腸の弱さもあったのか、安倍は夏になると体調を崩し、ルームメイトにも知らせず忽然と部屋から姿を消す。東京の病院に入院し、療養生活を送ることになったためだった。元同僚も言う。

「現場との交渉でストレスが溜まったのかもしれない。80年の夏頃だったと記憶するが、我々が現場にいる間に、お母さんが寮に来て荷物を持って行かれたと聞いた。安倍さんは秋に一度戻ってきたが、現場勤めは無理と判断され、81年2月頃、東京本社に移った」

安倍自身は筆者とのインタビューで、「加古川生活は非常に楽しかった」と振り返り、同期社員にも「はつらつと仕事をしていた」という印象を残している。

しかし、周囲も心配はしていたようだ。

「安倍君は酒は全く飲まなかったから、仕事が終わると運転手代わりにして30分ほどで行けた姫路のホルモン焼き屋なんかに皆で出掛けて、わあっと楽しく騒いでストレス解消したものだ。そんな席では、オヤジ（晋太郎）さんの失敗談を明かしたりして笑いを取っていた」（元上司）

安倍が思いきり羽目を外した姿を未だに鮮明に覚えている元同僚もいる。

厚板係の慰安旅行で四国の金比羅神社へバスで出かけたときのことだ。宴たけなわで盛り上がるなか、やおら安倍が舞台に上がった。

皆が「歌でもやるのか」と見ていると、安倍は札幌冬季五輪（72年）70メートル級ジャンプの金メダリスト・笠谷幸生の飛行スタイルを真似て、パッと飛んで着地までの華麗な飛形姿勢を見せ、大喝采を浴びる。「へえ、アベちゃんって、あんなこともやるんだ」と周囲を驚かせ、「人気が上がった」という。

奇妙な〝仕事〟

短い「二俣プリズン」生活から東京本社に戻された安倍が配属された先は、鉄鋼販売本部・鉄鋼輸出部・冷延鋼板輸出課。「一息で読めないほど長々とした部署」（安倍）だった。安倍が扱うことになった「冷延鋼板」は、自動車、冷蔵庫、洗濯機などの外板に用いられる。屋根のトタン材料にも使われる。安倍は、その製品の東南アジア向け輸出を任されることになる。

スタッフは安倍を入れても総勢8人の小所帯だったが、競争相手には新日鐵、日本鋼管、川崎製鉄、住友金属と先行4社の高くて厚い壁が立ちはだかっていた。当時、神戸製鋼は冷延鋼板部門のシェアはわずか5%と、後発の悲哀に苦しんでいた。

だが、「あの頃は燃えた」と振り返ったように、安倍はシェア拡大に精力的だった。前夜、仕事や麻雀でどんなに遅くても誰よりも早く出勤し、水を得た魚のように生き生きと仕事をこなしていった。

元上司が回想する。

「輸出部は治外法権的なところがあり、自由奔放だった。課員も、やる気満々の負けず嫌いばかりが揃っていた。だから晋ちゃんも性格的に合っていたのだろう。『よーし、見ておけよ、俺たちは必ず良い鉄を作って世界に売り込んでやるからな』という思いがあって、それが入ってすぐに仕事をこなせた理由だと思う。

今でも彼は取引のあったアジアのディーラーを20社はすらすら言えるはずだ。それぐらい猛烈に働いた。あの頃、アジアのシェアは非常に上がった」

「野武士軍団」（元上司）の一員として猛烈サラリーマン生活を送っていた安倍には、奇妙な〝仕事〟もあった。頭をかきながら元上司が話す。

「私は仕事で毎晩お酒を飲むため胃を傷めやすく、医者に『酒を飲みたいなら、夕方、牛乳を飲んでからにしろ』と言われていた。それで毎日夕方5時になると机のベルを押し、居合わせた課員に１００円玉を渡して二階の牛乳スタンドに買い出しに行ってもらっていた。安倍君が入って一番の若手になったので、これは彼の役目になった。そのうち、ベルを鳴らすだけで安倍君がサッと飛び出して買いに行ってくれるようになった」

大物政治家の息子が牛乳の買い出し役――こういう面白ネタはすぐに社内で伝わる。

「お前は何をやっているんだ。牛乳ぐらい自分で買いに行け、とこっぴどく絞られましたよ。いや、確かに将来、晋太郎さんのあとを継ぐ人に悪いことをした」（同）

安倍にこの一件をぶつけると、笑いながら「それくらい職場の雰囲気が良かったということですよ。上司のおかげで仕事も楽しくでき、やりやすかった」と話した。

本社勤務時代、安倍は大きな商談を任されるようになり、仕事が面白くなっていったようだ。元上司はこう話した。

「彼は課長の私が『やめておけ』と言う案件を、あきらめないでこっそり商社と進めていた。『このヤロー』と思っていたら翌年に大きなビジネスになるケースが結構あった。リスクを取りながら、取引相手の事情を汲んでうまくやっていく才能があった」

輸出部配属から2年目の82年、仕事への意欲が加速していく頃、安倍に大きな転機が訪れる。同年11月誕生した中曽根康弘内閣で外相に就任した父・晋太郎が、突然、「会社を辞めて秘書官になれ」と言ってきたのだ。

安倍は初めて父・晋太郎に正面からぶつかり、激しく反発する。

「こっちも何十億の商売をしているんだ。会社は辞めない！」

やがて総理大臣にまで続く政治経歴の入り口でも、やはり安倍を悩ませたのは家族の宿命だった。

第三章 父への反発と「別れ」

過酷な選挙応援

サラリーマン時代の安倍と父・晋太郎の「微妙な距離」について、筆者にはある光景がおぼろげに記憶に残っている。

晋太郎が自民党政調会長時代の1980年頃のことだ。平河クラブ（自民党記者クラブ）で政調会長番だった筆者は、選挙応援で神戸に入る晋太郎に単独同行した。もう35年も経っており一部始終を詳細に覚えてはいないが、宿泊先ホテルのレストランで晋太郎と同席した食事の際、まだ根がしっかり張りきっていない若木のような青年が現われた。社会人になって2年目、神戸製鋼所ニューヨーク事務所勤務から加古川製鉄所に異動したばかりの安倍だった。

「おい、お前。ちゃんとやっているのか」

安倍が座るや晋太郎は、ぶっきらぼうな言葉を口にした。

筆者も同席だったことで多分に照れがあったのかもしれない。ただでさえ、生後すぐに母と離別、若くして父も失って「孤児同然に育った」（本人談）という晋太郎は、「家族への愛情表現が苦手」（安倍の養育係の久保ウメ）な一面を持っていた。それゆえ、息子が製鉄所の現場勤務に馴染めているのか気がかりで呼び出しながらも、ストレートに温かい言葉をかけることができなかったのではないか。

兄・寛信の述懐によれば、晋太郎は「俺は教えない、何事も俺の背中を見て自分で考えてやっていけ」――という教育方針だったから、親子の対話があまりなかったうえ、久々の対面とあっては、ぎこちなさが漂うのも当然だった。

気まずさを覚えた筆者は、席を外そうと腰を浮かせた。晋太郎の「いいから」の言葉で座り直したが、不器用な表現ながら後継者の息子を心配する晋太郎の「親の情」を感じ取ることはできた。

前章まで、幼い頃から「パパのあとをやる」と語っていた安倍が、大学時代に目指すべき道を見失い、留学先の米国でホームシックに苦しんで納得できないまま帰国、就職先の神戸製鋼所でようやく仕事に自信を持ち始めるまでを辿ってきた。

筆者が社会人として初めて見た若き安倍は、まだ「迷い道」の真っ只中にあるように見えた。

その年の6月、憲政史上初の衆参同日選挙が行なわれた。政治家の家族にとって選挙は総力戦だ。寛信と晋三の兄弟も、学生時代から選挙になると地元に入って手伝わされ、支援者への挨拶や、時には応援演説をこなしている。

応援演説では、安倍には苦い思いがある。

「学生時代に初めて父の個人演説会で登壇したのはいいが、頭の中が真っ白になって、ほとんどしゃべれなかった。これはもう（政治家になるのは）駄目だなと思ったりしたほどだった」（本人談）

しかし、安倍は「あとから場数を踏めば何とかこなせることはわかってくるのだが、このときはまだナイーブだったし、沢山の人に信頼されるということがちょっと難しいという思いを抱き、政治家になるにしても少し社会で勉強してからでないと駄目かなという感じを抱いた」と言い添えたように、政治家志向の思いを捨てることはなかった。

どのみち、安倍は場数を踏む機会には事欠かなかった。神戸製鋼所入社の際には、晋太郎と同社上層部の間で「選挙時には息子を応援に借りる」という約束が交わされていたという。

選挙応援が「嫌で仕方なかった」（第二章）と語った兄・寛信と違って、選挙応援を前向きにとらえてこなした晋三ではあったが、過酷さは同じだった。

衆参ダブル選挙はことさら厳しい戦いだった。安倍は金曜日に仕事を終えると、神戸から寝台特急に乗り込んで父の選挙区・下関に向かった。土日は終日、トラックを改造した選挙カーで応援に回り、日曜の夜にはそのまま選挙カーを下関駅に乗り付けて最終の寝台列車に飛び乗った。そして月曜の朝、そのまま工場に直行した。

生来、虚弱体質の安倍がハード・スケジュールをこなすのを見かねた久保ウメは、「体に良くない。なんとかならないの？」と暗に仕事を休むよう勧めたことがある。ウメによれば、安倍は律儀なことを言って取り合わなかったという。

「いや、職場ではみんな交代制で休みを取っている。1人だけ勝手な行動をすれば迷惑をかけることになる。そんなことはできない。月曜に仕事に就くためには、この手しかないから」

このときの選挙で晋太郎はトップ当選を果たした。しかし、腸に持病を抱える安倍は、慣れない工場現場勤務のストレスに加えて、選挙応援の疲労が溜まったのだろう。前章で述べたように、その夏、体調を崩して約2か月の入院・療養生活を送った後、「現場勤務は無理」と判断されて東京の本社勤務に移った。

父からの〝召集令状〟を「シカト」

晋太郎が息子に「秘書官になれ」と突然言い出したのは、第1次中曽根内閣の組閣当日（82年11月27日の土曜日）、外相に就任した夜だったという。正確には、晋太郎はこんな言い方をしたらしい。

「お前、秘書官をやりたければやれ。あさって（月曜日）からだ」

安倍が絶句していると、父は頭ごなしに命じた。

「俺なんか、（岳父の岸信介の秘書官になったときは）翌日に新聞社を辞めているんだ」

父の秘書官への転身は、名実ともに後継者として認められることを意味する。いよいよ「パパのあとをやる」一歩を踏み出せる朗報だったはずだ。

しかし、安倍は抵抗した。父の言い方への反発もあっただろうが、それ以上に、政治家への道を進む覚悟がまだ明確に定まっていなかったためではなかったか。

もしかすると、何かと厳しく当たってくる父の管理下に置かれ「自由」を奪われることを嫌う、お坊ちゃんの甘えがまだ残っていたのかもしれない。

父の一方的なワンフレーズに安倍は横を向き、そこから父子のがまん比べが始まった。ちょうど子供時代に半日間、座敷でにらみ合っていたときの再演のようだった。

秘書官就任を拒否する安倍に、翌週、「政略就職」を仕掛けた前述の古参秘書Aが説得に出向く。

「あんた、お父さんの言った秘書官の件は、どうするつもりなのか」

安倍は不満をぶつけた。

「僕は知りません。こっちだって何十億という大きな仕事をやっている。いきなり家の都合で辞めれば会社に迷惑をかけてしまう。僕は嫌だ」

久保ウメは安倍を評して「こうと思ったらテコでも動かない」と語ったが、意地になると聞く耳を持たない彼の性格は、ここまで生い立ちを読んだ読者にも、あるいは総理大臣としての振る舞いを見ている多くの国民にも理解できるはずだ。まして父とのにらみ合いは、自分を認めない父へのアピールであり、触れ合うことが少なかった父との歪んだスキンシップの取り方だったという特殊な事情も絡むからややこしくなる。

そんな安倍の心をよく承知しているAは、少し冷却期間が必要だと判断して深追いはしなかった。

「オヤジさんの言ったことを少し考えなくてはいけないのではないか。返事を待っているから」と言い残して引き揚げ、心変わりを待ったが、1週間たっても安倍からはなしのつぶてだった。

ただ、これが学生時代までは、親子ゲンカは家庭内の問題ですんだが、社会人になるとそうはいかない。安倍の入社は、つまりはコネと政略で決まったものであり、神戸製鋼所にすれば、大物政治家の晋太郎から後継者である安倍を一時預っている感覚だったはずだ。晋太郎が「返せ」と言えば、いつ何時でも快く送り出さなければならない。

安倍の退職拒否で神戸製鋼所の上層部は大混乱に陥り、それから2週間にわたって、社をあげての前代未聞の「退職説得作戦」が展開されていく。

膝を貧乏揺すりする癖があった晋太郎は、元来、短気でせっかちだ。外務大臣就任後も政務秘書官の不在が続く異例の事態に苛立ちを募らせ、同社首脳部に連日電話を入れては、「息子の首に鈴もつけられないのか。何をやっているんだ!」と迫った。

収拾に当たったAがこう振り返る。

「神戸製鋼の総務部長が、『大臣からは矢の催促ですが、本人がウンと言わない限り辞めさせることはできない。社長も副社長も頭を抱えている』と泣きついてきた。会社側は、夜のうちに晋三さんの机を撤去し、朝来ても『出社に及ばず』と通告する強硬手段まで検討したそうだが、それは不祥事を起こした社員を辞めさせる場合の非常手段で、労働組合の同意がなければできないという説明だった」

ただし、安倍は秘書官になる気がなかったわけでもないようだ。その頃、成蹊大アーチェリー部時代の友人に心境を吐露していた。

「親父に秘書官になれと言われて辞めることになったんだが、会社にどう説明したらいいのか困っている」

友人は「とにかく上司に相談して了解してもらえ」とアドバイスしたという。

退路を断つ「胴上げ」

父子の板挟みになった神戸製鋼所の上層部は「もはや親しい上司の説得に賭けるしかない」と判断し、あの〝奇妙な仕事〟を安倍にさせていた直属の課長に「何とかしろ」と大命が下った。

上げた拳をおろすタイミングを逸して岩戸を閉ざしてしまった安倍は、課長からは「毎日、落ち込んでいるように見えた」という。ついに意を決した課長は「ちょっとメシでも食いに行くか」と安倍を誘い出した。

酒がずいぶん進んでから、課長は本題を切り出した。

「秘書官の話が来ているようだが、どう考えているんだ」

信頼する課長を前にしても、安倍はまだ正論を並べて抵抗した。

「私が突然辞めたら、やりかけの商談はどうなりますか」

「勝手な都合で辞めては同僚や上司に迷惑をかけてしまう」

「仕事が面白くなってきた時期に何で辞めなくてはならないのか」

――聞きながら課長は、安倍が政治家を継ぐ気はあるものの、まだ腹を固めきれていないと判断した。安倍の言葉の端々から、「政治の世界に進むのは嫌ではないのだが」

という気持ちがうかがえた。

安倍の言葉をじっと聞き、酒量もさらに増えた頃、ついに安倍も黙り込んでしまった。課長は「これが最後のつもり」で、ゆっくり安倍に語りかけた。

安倍の背中を押し、人生の岐路となったやりとりを課長の話から再現しよう。

「あんたはついているんや。この迷惑はものすごく良い迷惑なんや。課の連中も喜んであとの仕事はサポートするし、みんなでカバーするから、そのことは考えるな。俺たちはな、このくらいの迷惑はむしろ受けたいんだよ。何も悩むことはない。あんたの気持ちはよくわかっている。

人間は何か失敗すると、あのときにああしていたらと過去のせいにする。政治家だって例外じゃない。落選したりすると、あのときああしていたらと口にする。あんたが政治家になると決めているのなら、なるべく過去に理由を残さないほうがいい。ここは人生の潮目と思って、今晩、お父ちゃんところに行って『受けます』と言うてこいや。それで万事終わりや。いいな」

身じろぎもせず聞いていた安倍の目からポロポロと涙がこぼれ落ちた。

涙を拭い一呼吸置いた安倍は、深く頭を下げた。

「そこまでおっしゃっていただけるのなら決断します。ご心配かけてすみませんでした。

ありがとうございました」

晋太郎の言葉にも、上層部の説得にも耳を傾けなかった安倍が、ついに落城した瞬間だった。

課長の言葉に従い、安倍はその夜のうちに秘書官就任を晋太郎に告げた。

「今夜、上司と話をして退職の了解を取りました。秘書官を受けます」

晋太郎は「そうか。良かった。また別の世界に入ることになるが頼むぞ」と息子に礼を述べた。

後日談がある。

一夜明け出社すると、課長のもとに上役がやってきて「どうだった」と心配顔で尋ねた。課長が「ＯＫでした」と答えると、「そうか！　よし、今晩安倍君と３人でメシを食うぞ」と相好《そうごう》を崩した。

しかし、課長は誘いを断わった。

「いや、駄目です。今日は安倍君のためにうちの課で送別会をやりますので」

課長は安倍に〝トドメ〟を刺すつもりだった。「それと金がかかりますから」と上役に念を押し、引き出しの領収書をかき集めて経理に回し、送別会の軍資金を作った。

父子にらみ合いにピリオドが打たれて精神的に解放されたからか、その日出社した安倍の顔は「いつもの明るいアベちゃん」(課長)に戻っていた。その夜、スタッフ全員で国会に近い東京・赤坂に繰り出した。安倍は酒をほとんど飲まなかったが、二次会、三次会を重ね、「みんなでカラオケしながら盛り上がった」(本人談)。

深夜になって、送別会はお開きになった。通りに出るや、「よーし、やるか!」の声があがった。すかさず、「そーれ」と安倍を持ち上げ課員全員が惜別の胴上げをした。

安倍は戸惑いながらも嬉しそうに何回も宙に舞った。

「ありがとう」と手を挙げながら別れていく安倍の目に涙が浮かんでいたのを、課長らは皆、覚えている。

「落城」から間髪を容れない「別れの儀式」には、安倍の気が変わらないうちに退路を断って送り出す――そんな課長たちの気持ちが込められていた。

役所から消える外相秘書官

こうして安倍は、いきなり外務大臣の政務秘書官として政治の世界に投げ込まれた。が、もちろん新しい職場に向かい合う心境は「意気揚々」とまではいかず、仕事への意欲もそれほど強くはなかったようだ。

秘書官といっても、外交に関する公務はキャリア官僚の事務秘書官がすべて担当する。政務秘書官は地元や業界の陳情や選挙関連など、国会議員としての活動（政務）を補佐することが仕事になる。

しかし、総理・総裁を目指す実力政治家だった晋太郎の事務所には、政務に長《た》けたベテラン秘書が何人もいたため、駆け出しの安倍にはこれといった仕事はなかった。はっきり言えば〝お飾り〟の秘書官だった。

兄の寛信は当時の安倍の様子をこう語った。

「晋三にとって秘書官の経験は非常に大きかったと思うが、最初のうちは『やることがない、退屈だ』と言っていた」

外務省に登庁し始めた頃、安倍はよく不可思議な行動を取った。

政務秘書官は省内に個室を与えられるが、部屋にはすでに父のベテラン秘書が陣取っており、安倍と机を並べていた。同秘書の回想によれば、安倍は秘書官室に顔を出したあと、しばらくすると「それじゃ」と姿を消す日が多かったという。

「大将（晋太郎）の後継者といっても、新米秘書だから最初は見習い。役所じゃあまり仕事はないから居心地が良くなかったのかもしれない。ふといなくなることはよくあったが、どこに行ったのかわからない。役所のスタッフも〝晋三さん、またフケた（サボった）みたい〟とよくこぼしていた」

養育係として安倍と接してきたウメも、政務秘書官就任直後の安倍のもうひとつの不可思議な行動に遭遇する。

外務省から帰宅後、安倍が慌ただしく食事をかきこむや、行き先も告げずに消える日が続いたのだ。そして深夜に決まって段ボール箱を抱えて戻ってきた。

ある夜、安倍が出掛けるのを見たウメが「こんな時間に、どこへ行くの？」と声をかけた。安倍は「会社に行ってくる」と答え、そそくさと闇の中に消えた。

幼少時から「片付けが苦手だった」（ウメ）安倍は、慌ただしい退職だったこともあり、手つかずだった神戸製鋼所の机やロッカーの私物の整理に通っていたというのである。

が、もちろん外相の秘書官がそれだけの理由で昼夜を問わず姿をくらましていたとは考えにくい。元同僚によれば、会社を訪ねてきた安倍は、「残業中の昔の仲間と長話をすることが多かった」という。「畑違いの退屈な秘書官の仕事に馴染めない心の居場所を探していたのでしょうね」とはウメの言葉だ。

中曽根政権時代、３年８か月の長期にわたって外務大臣を務めた晋太郎は、秘書官の安倍を訪問国延べ81か国にものぼった39回の外遊に同行させ、政治と外交を学ばせようとした。

安倍にとっては、古巣の神戸製鋼所に恩返しする機会もあった。

日本の援助でアフリカのザンビアにプラントを建設、神戸製鋼所が担当した。安倍の加古川製鉄所時代の同僚がそのチームの一員で海外案件の初仕事だった。元同僚は、外相秘書官だった安倍に、「プラントの竣工式に安倍外務大臣の親書だけでも出してくれないか」と頼む。

安倍は「オレが行く」と父の親書を携えてザンビアまで足を運び、当時のウガンダ大統領ら政府要人の前で英語で祝辞を述べた。

「安倍さんは『じゃあ、また』とさらっと日本にトンボ返りして行ったが、その律儀さには心から感謝した」

元同僚はそう振り返った。

「長州砲」返還交渉

秘書官時代、安倍は北朝鮮の日本人拉致事件に関わるきっかけとなる出会いをするが、それについては後章で紙幅を割いているためここでは触れない。もうひとつ、安倍秘書官が解決に執着したテーマがあった。

フランスとの「長州砲」返還交渉だ。

「長州砲」は萩藩士の手によって1844年（天保15年）に製作された木造台座付きの青銅製の大砲（16・5メートル）で、1864年、長州藩が米英仏蘭4か国艦隊との戦争（下関戦争）で敗れたとき、戦利品としてフランス軍が持ち帰り、パリのアンヴァリッド軍事博物館に展示されていた。

地元・山口では返還活動が行なわれていたが、フランス政府は「戦利品は返還できない」という立場だった。

外相に就任した晋太郎は、地元の要望を受けてミッテラン大統領（当時）と面会した際に大砲返還を申し入れた。しかし、ミッテランは「国家財産を返すには国会の議決を経ないとできない」と体よく断わった。

晋太郎は息子に経験を積ませるために「お前、やってみろ」と、この地元の要望の処理を安倍に任せたのである。

安倍も父同様に「長州人の血が騒いだ」という。

フランス担当の外務省西欧一課長（当時）が「安倍さんの息子がうるさくてしょうが

ないんだ」とこぼすほど事務方をせっついて交渉させ、日本から毛利家伝来の鎧を貸し出す代わりに、フランスから長州砲を借り受けるという「相互貸与方式」を編み出して合意に持ち込む。

長州砲は１９８４年に日本に貸与され、山口の長府博物館に展示された。

晋太郎が外相就任後、筆者は2度目の自民党キャップに転出前、外務省キャップとして東西冷戦の最終段階で繰り広げられた「創造的外交」を1年間取材した。

そのなかで、「内政はハト、外交はタカ」と語った晋太郎に、「この複雑な国際情勢のなかで、外交の要諦として心がけていることは何か」と問いかけたことがある。およそこんな意味の言葉が返ってきたことを覚えている。

「タカというのは何も肩肘張って強面で相手と向かい合うということでは全くない。ひるむことなく、臆することなく日本の立場を主張することが何よりも大事で、そのためにヤワであってはならないということだ。ただ、言いたいことを言うだけでは相手の心は動かない。やっぱり誠実の2文字が基底にないと信頼関係は生まれないし、信頼関係なしでは外交は成り立たない」

後に筆者はその言葉を思い返しながら、「秘書官時代、父に学んだことは何か」と安倍に尋ねた。安倍はこう話した。

「父が外相時代、米国のシュルツ国務長官と最初に会ったとき、『お互いにあらゆる機会に、もし同じ場所にいたら必ず外相会談することにしよう』と申し入れた。これは日米関係を強化するには外相同士の個人的な信頼関係が大きな力になるという父の外交戦略の端的な表われだったのだと思う」

この言葉を現在の安倍の外交姿勢に重ね合わせると、晋太郎から学んだはずの「エキス」をどこまで血肉にし得ているか、疑念が湧いてくるのは筆者だけではあるまい。

昭恵の第一印象は「30分遅刻した娘」

外務大臣秘書官時代、安倍は大きな「出会い」と「別れ」を経験する。

出会いの相手は、森永製菓の社長令嬢だった松崎昭恵。伴侶となる女性だ。

安倍が昭恵と初めて会ったのは84年、「原宿のパブみたいなところだった」(安倍)。当時、電通に勤務していた昭恵は、安倍の友人に「良い人がいる。会ってみないか」と紹介された。昭恵の第一印象を安倍はこう語った。

「約束の時間に30分ぐらい遅刻して来てね。ずいぶん待たせるなと、第一印象はあんまり良くなかった(笑)。だから最初は私もむっつりしていた。こっちは8歳も年上だしね。ただ、話は非常に合って面白かった。それでもう1回会うことになり、その後は食事をしたり、一緒にゴルフに行ったりした」

一方、昭恵の第一印象はこうだ。

「良い人だとは思いました。でも、政治家の家庭は大変な気がして、お付き合いをするのも最初は気乗りしませんでした」

そんな2人ではあったが、3年間の交際を経て87年6月に華燭の典を挙げた。同じ年の5月に兄・寛信もウシオ電機会長令嬢と挙式している。

前途洋々の安倍家だったが、その頃、「昭和の妖怪」と呼ばれて戦後の日本政治に長く隠然たる影響力を保ってきた90歳になる祖父・岸信介は、風邪をこじらせて入院し、波乱の人生の最終章を迎えていた。

母・洋子は「兄弟のどちらかの式を先に延ばそうかとも思いましたが、結婚式後に葬式をすることはできても、葬式翌日に結婚式はできませんから」と語り、岸が存命のうちに孫たちに嫁を——との思いがあったことを明かした。

「たまたま祖父が生きているうちに結婚できてよかった。祖父は入院中で式には出席できなかったが、式のビデオを見て喜んでくれたから」(安倍)

そして、敬愛する祖父・岸との別れのときがやってきた。

安倍の挙式から2か月後の8月7日、孫たちの結婚を見届けた岸は静かに生涯を閉じた。

「臨終には間に合いましたが、もう意識はありませんでした。大往生でした。病室に見舞いに行くと、いつも穏やかな様子で喜んでくれました。今から考えると、もうちょっと多く足を運んでおけばよかったなと思う」

安倍は祖父の死に際をそう振り返ったが、実は岸は生前、安倍をわざわざ病室に呼んでこんな遺言を与えていた。

「おまえ、参院選に出ないか」

87年7月、山口選出の自民党参院議員・江島淳の急死を受けて、参院山口選挙区で補欠選挙が予定されていた。政治の世界に「ｉｆ（たら、れば）」は通じない。が、このとき、参院選出馬が実現していたら、今の「総理大臣・安倍晋三」があったかどうかはわからない。卒寿を迎えていた岸にすれば、自分の目が黒いうちに孫を政界に送り出しておきたかったのだろう。安倍はこう述懐している。

「議員になれと一度たりとも言ったことがない祖父がそう話したのは、余命いくばくもないことを覚悟し、僕の気持ちを聞きたかったのだろう。要するに、祖父はチャンスをものにすることが大切だと言いたかったのではないか」

岸の思いに安倍は出馬に傾き、地元・山口でも父・晋太郎の後援会を中心に補選擁立の動きが高まった。だが、出馬は幻に終わる。

江島の息子・潔（後に参院議員）が出馬に意欲を示し、晋太郎が支援の言質《げんち》を与えたからだ。晋太郎とライバル関係にあった地元の自民党有力代議士が水面下で待ったをかけたという事情もある。

晋太郎は地元で安倍擁立を迫る県議たちを集め、こう断を下した。

「晋三の出馬は駄目だ。江島君には、あとのことはちゃんとやると言ってある。出すわけにはいかない」

結局、補選には安倍でも江島でもなく、宇部市長の二木秀夫が出馬して当選する。

実は、その前にも、安倍には幻となったもうひとつの出馬計画があった。

晋太郎の地盤・下関と関門海峡を挟んだ北九州（旧福岡4区）から衆院選に出馬させようという動きだ。晋太郎の秘書が根回しし、小倉に事務所を借りる準備まで整えていたが、この話も晋太郎が福田赳夫から派閥を引き継ぎ、自民党総務会長に就いて多忙になるなかで立ち消えていく。

仮に父の強固な地盤を継がず、政権への風向きによって当落が左右される都市型選挙区の旧福岡4区から出馬していたら、安倍の将来は様変わりしていたはずだ。

ただし、幻も現実に影響を残した。安倍の参院選補選出馬を断念させた会合で、晋太郎は息子の将来について県議たちにこう言明した。

「俺はあと10年頑張る。晋三が出るのは俺が辞めてからだ」

晋太郎は最初から息子を身近に置き、文字通り自分の後継として修業を積ませる方針だったと筆者はみている。自分の選挙区を継がせるという以外の選択肢はあまり考えていなかったのだろう。

その頃、晋太郎は筆者に「晋三は政治家に必要な情というものがない。あれでは、まだまだ駄目だなあ」と漏らしたことがあった。今になり、その言葉がよく思い出される。

安倍自身も筆者のインタビューで「父から『お前は人として、相手への思いやりが足りない』とよく怒られました」と明かしている。

短期間に2度、国政デビューの機会を逃した安倍だったが、その後の政治家人生では運にも恵まれ、祖父の遺言通りチャンスを積極的に掴んでいく。

小泉政権時代、閣僚未経験のまま自民党幹事長を打診されたときも躊躇《ちゅうちょ》しなかったし、ポスト小泉を争う自民党総裁選では後見人の森喜朗から「まだ早い」と止められながらも出馬して総理・総裁の座を射止めた。そして12年の総裁選では、不利と見られながらも出馬、首相再登板への道を拓いた。

「中曽根裁定」と父の失意

対照的だったのが父・晋太郎だ。総理・総裁を嘱望されながらチャンスを逃し、病に倒れて無念のうちに黄泉《よみ》の国へ旅立つことになるのだから。

安倍は外相秘書官の後、父のポストとともに自民党総務会長秘書、幹事長秘書を務める。国益を御旗に各国首脳と議論を戦わせる外交が「机上の戦争」と呼ばれる場なのに対して、自民党内は権謀術策渦巻く権力闘争の場だ。安倍は晋太郎が一転して権力闘争の中枢に身を置く2年10か月の間に、初めてその熾烈さ、非情さを身をもって経験することになる。

振り返った安倍は「神経と体力を使い、命を削りながらも政治家の意地を最後まで貫き通した政治家・晋太郎の壮絶な生き様を見た」と話している。

晋太郎にとって宰相獲りの最初にして最後のチャンスだったのが、ポスト中曽根の総裁レースだった。87年11月、5年の長期政権を誇った首相・中曽根康弘が退陣した。晋太郎はライバルの竹下登、宮沢喜一とともに総裁選に名乗りを上げた。総裁選は投票ではなく、「安竹宮」による話し合い決着に持ち込まれたが、3者は譲らない。

今なお語り草になっているのが、東京・赤坂プリンスホテル910号室で午後0時から延々9時間近くも行なわれた安倍・竹下一本化の話し合いだ。

「タケさん、俺は絶対に降りんからな」

「アベちゃん、経世会のほか俺には他の派閥の支持もある。俺だって立場上、降りられんよ」

長州人気質である晋太郎の押しの強さを知る竹下派7奉行の1人だった梶山静六は、

「押しまくられたら沈黙だ」と竹下に言い含める。竹下は晋太郎の迫力に気圧され、ノドから出かかる「アベちゃん、お先にどうぞ」の言葉を呑み込みながら、晋太郎の押しを沈黙で受け流し続ける。

「安竹宮」が激しい駆け引きを続ける途中では、「安倍有力説」が報じられたかと思えば、西武鉄道社長・堤義明を発信源とする宮沢指名説まで流れる。そのたびに3陣営は一喜一憂するなど権力のせめぎ合いは表裏で熾烈を極めた。結局、話し合い調整は成らず、中曽根による後継指名ということになった。中曽根が裁定書に書いたのは「竹下登」の名だった。世に言う「中曽根裁定」である。

「政治は数、数は力」――田中角栄が公言してはばからなかった「数の論理」全盛時代にあっては、話し合い調整といったところで数の力がものをいう。当時の派閥勢力は竹下派が114人と抜きん出ており、宮沢派89人、中曽根派87人、安倍派は86人の第4派閥にすぎなかった。

安倍派内では徹底抗戦論が上がったが、「数の論理」を考慮すれば巻き返しは無理だった。

父の秘書としてその戦いのなかにいた安倍は、後に述懐している。

「確かに、投票に持ち込めばいいじゃないかと言う人たちもいた。でも、そもそも票（派閥の人数）が違っていたから戦略は立たなかった。それでもやっぱり裁定結果はショックだった。深夜、帰路の車中で父が『まあ、しょうがないか』とポツリと漏らしたのを覚えている」

竹下に負けた晋太郎ではあったが、自民党ナンバー2の幹事長に抜擢されて次期首相の最右翼につけた。「『安竹』の友情の絆は、戦い終わって日が暮れても切れることはなかった」（晋太郎側近）わけだ。

自宅で待ち構える安倍派幹部は誰もが一様に悲憤慷慨《ひふんこうがい》していた。だが、晋太郎は「折角、期待してもらって、こんな結果になってすまなかった。でも、今回はこれでいいんだ」と、無念の結果にも恬淡《てんたん》とした振る舞いをみせた。

傍らで聞いていた安倍は、父の思いを忖度《そんたく》していた。

「竹下政権となれば、幹事長は自分、そうなれば次は間違いないという確信もあり、中曽根裁定を1歩後退2歩前進と前向きにとらえ、時期を待つということで気持ちを切り替えたようだった。ものごとにくよくよしない楽天家の親父らしい」

後に酒席で晋太郎に、話し合い調整の結果について尋ねた。

「あのときは、徹底的に突っ張りながら最後はアッサリ引き、淡々としていた。正直な気持ちはどうだったのか」と聞いた筆者に、晋太郎はこう明かした。

「我々ニューリーダー（の安竹宮の）3人は、確かに協力し合ってはいたが、お互いに『お前が先にやれ』とかそんなことは言わない暗黙の了解があった。もう少し言えば、総理・総裁レースは徹底的に戦う。政治の世界は実力社会だから当然、争うときは争って全力で勝ち取る。そのかわり、我々3人の間では、その過程や結果について怨念が残るようなことにはしないという約束になっていたんだ」

だが、晋太郎が「次こそは」と気持ちを新たにリスタートを切ったところへリクルート事件（88年）が襲い掛かったのである。

リクルート社が子会社の未公開株を政官財界にバラ撒いた戦後最大級の構造汚職事件

だ。自民党の主要政治家が疑惑にさらされ、蔵相の宮沢は辞任。竹下が政治生命を懸けた消費税導入法案が審議されていた国会は大荒れとなる。幹事長として国会対策に追われた晋太郎に、神経の休まる日は1日としてなかった。

晋太郎は体調を崩し89年4月、東京・お茶の水の順天堂大学医学部附属順天堂医院に入院する。直後に竹下が辞意を表明、晋太郎は病院から抜け出しては後継問題など後始末に奔走することになるが、リクルート事件の火の粉は、ついに晋太郎自身にも降りかかる。

入院の5日前の夕刊と翌日の朝刊に、「リクルート社、安倍氏夫人に顧問料約900万円」「安倍氏にも1億円？　リ社」の見出しが踊った。後に東京地検特捜部の捜査は晋太郎の周辺にも及び、未公開株の譲渡を受けていた秘書が略式起訴された。

筆者は当時、晋太郎が「俺は全く関知していない。本当に知らないんだ」と言ったまま二の句を継げずに呆然とする姿を鮮明に覚えている。

安倍は当時をこう振り返ったことがある。

「親父の周辺は文字通り修羅場になった。詳しく説明すればと言われもしたが、親父は『そうしたいが、自分でも全部つかめていない』と言ったり、『政治はお前が言うほど単純なものではない』と怒られたりもした。親父は何事も秘書に任せるほうだったから『秘書に聞いてみましょう』と言うと、『余計なことをするな』と言わんばかりで、黙って考え込んでしまうという感じで毎日が暮れた」

晋太郎には「自分は悪いことをしていない」との思いが強い。だが、それで世間を納得させられるはずもない。晋太郎は打つ手のないまま孤立状態に陥っていった。

「お前、どうすればいいと思うか。お前の意見を聞かせろ」

それまで息子に一度たりとも弱音を吐いたことがなかった晋太郎が、このとき初めて安倍に意見を求めた。安倍の回想だ。

「事実であれば、いつかは言わなくてはならないのだから、全部事実の通り言ったほうがいい。世の中の怒りを十分に考えながら、会見で質問が出なくても、こっちから説明するほうがいいのではないか、と僕の意見を言った。でも、結局それはならないうちに逝ってしまった」

リクルート事件は自民党最大・最強軍団をバックに長期政権が確実視されていた竹下を僅か1年半余で退陣に追い込んだだけでなく、晋太郎や宮沢ら有力な総裁候補たちも軒並み失脚を余儀なくさせた。その結果、89年6月、ダークホースだった宇野宗佑内閣が成立する。

「あの事件で、政界が一寸先は闇だと身をもって経験した」とは安倍の弁である。

想定外の連鎖は止《や》まなかった。政界激動の渦中、病魔が晋太郎を襲ったのだ。後に晋太郎の野望を完全に絶つことになる膵臓がんだった。

晋太郎が順天堂大学病院に入院したのは89年4月18日。表向きの病名は「総胆管結石」（胆石）と発表された。がんであることは本人にも伏せられていた。

入院から4週間ほど経って行なわれた手術では、本人には「内臓に少し悪いところがある」と説明して膵臓から十二指腸、胃の一部まで切除された。洋子の自著『わたしの安倍晋太郎―岸信介の娘として』では、「手術後、私と息子が呼ばれて（がんの）事実を知らされた」とされている。

事実は違うようだ。手術直後、最初に医師から父の病名を告げられたとき、そこには晋三1人しかいなかったという。そのときのことを安倍自身はこう明かしている。

「がんと聞いたとき、ものすごいショックだった。親父は竹下政権の下で幹事長として党を任された。総裁選に勝てずに結果としてなったものだが、『次は（総理・総裁の椅子は）確実』と言われて再出発したところだった。何で今なんだ、何でもう少し待ってくれないんだと何度も思った」

入院後しばらくして、現場取材を離れて政治部デスクに就いていた筆者に、「オヤジが来てもいいと言っている」と古参秘書から連絡が入った。

病床の晋太郎を見舞ったときの光景が忘れられない。

半身を起こして迎えた晋太郎は、筆者が病床脇に座るや、いきなり「これなんだよな」と頭部サイドの小さな棚に置いてあったガラスの小瓶を取り上げて振ってみせた。カラン、カランと音を立てた小瓶の中には、親指大の黒っぽい石が入っていた。「総胆管結石」という病名を本人に信じさせるために医師が用意したダミーだったのだ。晋太郎は、苦笑交じりに言った。

「こんな大きな石が体に入っていたんだから痛いはずだよな」

大柄な晋太郎の体はやせ細っていた。あのとき、本当に胆石だと信じていたのか、今となっては筆者にも知るすべはない。

竹下内閣総辞職、宇野内閣誕生、参院選自民党大敗、そしてスキャンダルによる宇野退陣——「政局大乱」は晋太郎が入院中のわずか3か月間に起きた。

父へのがん告知

医師に父のがんを知らされた安倍は、告知するかどうか苦悩し続ける。人気アナウンサーだった逸見政孝が、がんを告白して大ニュースになったのは93年のことだ。まだこの頃は本人へのがん告知もされないケースが多かった。安倍が、どうしたものかと相談した医師はこう言った。

「伝えると、どんな立派な人でもショックを受けて、むしろ死期を早める。我々の手でなんとか2年はもたせますから」

「余命2年」の宣告を受けたも同然だった。

この日以後、安倍に「隠し通すことのつらさを味わう日々」が続く。しばらく間をおいて安倍から病名を知らされた洋子は、「やっぱり、それこそ本当に頭の中が真っ白になっちゃいました」。

そうして激動の89年が暮れ、翌90年の正月、安倍家には束の間の明るさが戻った。手術のあと、晋太郎の体調が一時的に回復して退院が許されたからだった。「余命2年」とは知らされていない晋太郎は精力的に政治活動を再開する。

米ソ両国への訪問に加え、90年2月に行なわれた総選挙では派閥の領袖として先頭に立って全国を応援に飛び回った。体には胆汁を取り出す管を付けていた。

ライバル・竹下に土壇場で宰相に通じる座をさらわれ、「数の力」を思い知らされた晋太郎は、病躯をおして自派新人のテコ入れに全力を注ぎ、22人もの新人を国会に送り込んだ。安倍派は竹下派に次いで党内第2派閥に躍り出た。

しかし、父に同行する安倍はつらかった。

「無理をさせないように配慮したが、ブレーキをかけすぎると『何で止めるんだ』と親父は怒りだした。かといって『父さん、あなたはがんなんですから』とも言えない」（安倍）ことが何よりも苦痛だった。

無理がたたって晋太郎は90年9月に再入院することになる。いよいよ安倍にとってつらい決断が迫っていた。「2回目に入院したとき、親父は『お前、何でこうなったんだ』と深刻な顔をして言い出した」からだ。本人は重篤な病状であることを察していたに違いない。安倍は告知すべきかどうか洋子と相談する。

「政治家だから派閥の後継問題もある。やっぱり告知しよう」

意を決した安倍は晋太郎に告げた。

「父さんは、がんです」

感づいてはいたのだろう。「ああ、やっぱりそうか」と反応しただけで全然しょげることはなかった。最後まで晋太郎の側についていた古参秘書が振り返って言う。

「よーし、こうなったら治してみせるという晋太郎さんの執念はすごかった。周囲よりも一番元気だった。『大学の教授なんかに全面的に頼っては駄目だ。彼らは学会で認められたこと以外絶対にやらないんだから。まだいい療法があるはずだから、お前ら探してこい』と言われて、私と晋三さんで手分けして随分とあちこちを駆け回ったものだった。

本当を言えば、病院側は入院前の検査段階からすぐ手術しなければ責任を持てないと言った。だが晋太郎さんは『大学教授なんて政治を何もわかっていない。俺が今入院なんかしていられる場合か』と頑として受け付けなかった。幹事長としても責任感から入院・手術なんてとんでもないということだったんだと思う。でもあのとき、率直に聞き入れて手術をしていたらと悔やまれる」

世襲政治家の宿命とは時として非情である。父がまだ病床にあるうちから、安倍は父の議席を受け継ぎ、岸・安倍家の政治的血脈を絶やさないために次の選挙への出馬準備を始めなければならなかった。この頃から秘書が病院に詰め、安倍は時々、晋太郎を見舞うだけで「あとはできるだけ地元に帰って出馬準備をしていた」（秘書）という。

再入院から8か月後の91年5月15日朝、晋太郎は静かに息を引き取り、30年余の政治家人生を閉じた。享年67。安倍が37歳を迎える年だった。

安倍は亡くなる少し前の晋太郎の姿が目に焼き付いていると語った。

外相時代から日ソ交渉に取り組んできた晋太郎は、「これだけは自分の目の黒いうちに道筋をつけておきたい」との思いから最初の手術後にソ連を訪問し、ゴルバチョフ大統領から「桜の咲く頃に訪日する」との約束を取り付けていた。約束通り、ゴルバチョフは91年4月に来日した。

すでに死の病に冒されていた晋太郎だったが、「なんとしても大統領と会って日ソ関係改善への礎、そして領土問題解決へのきっかけを作りたい」と、気力で病床を抜けて、足を引きずるようにしながら衆院議長公邸で開かれた昼食会に出席した。背中には、やせ細った体を隠すためにシャツの下に真綿を入れていた。親しかった俳優・芦田伸介から「舞台で太って見せるときには背中に真綿を入れている」というアドバイスを受けての必死の演技だった。

晋太郎と対面したゴルバチョフは、「私は約束を果たしました」と語りかけた。晋太郎は「これで安心した。あとは（日ソ関係の進展を）遠くから見守っています」と満足そうだった。晋太郎にとって最後の政治の舞台となった。

「あのとき、政治家の執念を見た」

安倍が筆者に語った言葉だ。

「あなた、男でしょう」

晋太郎は死の間際、明るい陽が差し込む病室に安倍を呼んだ。そしてこう告げた。

「今度は君だね。君の思う通りにやりなさい。まあ、なんとかなるよ。死ぬ気でやれば道は拓ける。だけどお前、大変だぞ」

晋太郎は最期まで息子の行く末を案じていた。

入院後そう時をおかず見舞いを許された筆者に、晋太郎は「入院の長期化は困るな。あとを（晋三に）譲るなんて、まだ全く俺の頭にないからな」と気丈に語っていた。筆者の目にも病の重さはすぐわかったし、それを知られる覚悟で面会を許したはずだ。わざと逆のことを言いながら息子に言及したのは、無念と親心の交じった感情からだったのか。

洋子は病室で2人きりになったとき、晋太郎が語った言葉が耳に残った。

「チョット心細いな。晋三も俺に輪をかけて甘いところがあるからな。でもなんとかやってくれるだろう」

愛情表現が下手な父に幼い頃から反発してきた安倍だったが、その死に直面したときの悲嘆は大きかった。死の直後は、床についてからも夜通し声を上げて泣き続け、その姿に妻・昭恵が思わず「あなた、男でしょう。しっかりしなさい！」と叱咤した――というのは安倍家の関係者から伝え聞いた逸話だ。

幼い頃から「パパのあとをやる」と言い続け、大学卒業時には友人に「政治家への夢」を語った安倍だが、その頃から政治家になることの重みや覚悟が理解されていたかは相当怪しい。

小学生からエスカレーターで大学に進み、米国留学時代を含め進路に迷い、神戸製鋼所勤務でようやく仕事に自信がつき始めた頃、不承不承ながら父の秘書に引き上げられた。いわば敷かれたレールの上で、ずっと居場所を見つけられなかったのだ。そんな安倍にとって父の死は、初めて自分で乗り越えなければならない試練だったはずだ。そして身の振り方を自分自身で決める選択を迫られた。

安倍は筆者のインタビューに、こう述懐した。

「親父に『(政治家は)大変だぞ』と言われたとき、これは後を継げということだと思った。私が生半可にせよ選挙を頑張れたのは、親父の最期の場面を見て、これは絶対に負けられないと思ったからだ。この親父の無念を……と。非常に私的なものだけれども、しかし、そういう情念が人を衝き動かすのだと思った」

父の死から2年後、93年の衆院選で安倍はいよいよ「弔い合戦」に臨む。

第四章

針路なき船出

「地盤・看板・カバン」を継ぐ

安倍晋三が父・晋太郎の遺志を継ぎ、政治家を目指すことを公に宣言したのは、東京・芝の増上寺で晋太郎の77日法要が行なわれたあとの91年7月8日だった。

地元・山口に戻った安倍は萩市で記者会見を開き、「次期総選挙には山口1区から立候補します」と正式表明した。選挙区のすべての事務所の看板から晋太郎の名前が消えて「あべ晋三」に掛け替えられ、いつ選挙があってもいいように急ピッチで態勢づくりが進んでいった。

安倍家では安倍兄弟の結婚直後から、東京とは別に下関など選挙区内の各所で晋三と兄・寛信との合同披露宴を大々的に行なうことで、地元に後継者としてのお披露目をしてきた。また晋太郎の死後には、県民葬、町民葬、あるいは「偲ぶ会」を選挙区内の各地で開いており、安倍が晋太郎の後継者であることは周知の事実として浸透していた。出馬表明も当然のこととして受け止められた。

とはいえ、いくら「岸信介の孫」「安倍晋太郎の息子」として晋三の名が浸透していても、当時はまだ中選挙区制で選挙区が広く、態勢を整えるのは大仕事だった。父の死からの2年間、安倍は旧安倍晋太郎後援会を足場に新しい選挙基盤づくりのため地元でドブ板を踏んだ。妻・昭恵とともに山間部にまで入って一軒一軒訪ね、寸暇を惜しんでこまめに集会を重ねた。「時間がいくらあっても足りなかった」と後援会幹部は振り返っている。

そこでも安倍は父へのライバル心を隠さなかった。

「私は確かに安倍晋太郎の次男です。しかし私は私として、今から一政治家として生きていく決意です。是非、ご支援、ご支持をお願いします」

後援会内部には、まだ何の実績もない若い安倍が「父との違い」を強調し、父の存在を否定するかのように振る舞うことに異論も挙がった。初陣選挙の責任者として陣頭に立った安倍事務所の顧問は振り返る。

「晋三さん、そんなこと言わんでもええ、父の遺志を継ぐと言えばええ、と言う人もおられましたけど、本人が親父の（弔い合戦の）風を受けて戦うことに抵抗があったようですから、後援会の幹部たちには、『晋太郎先生の実績を無視するわけにはいかない。それは十分尊重しながら、若い晋三さんの気持ちもかみ合わせていこうや』とお願いしました」

もっとも、地元では安倍世代の若い後援会が立ち上がったとはいえ、事務所もスタッフも、強力な後援会組織も、「地盤」は晋太郎からほとんどそのまま引き継いだものだったことは言うまでもない。

「雌伏2年のうち最初の1年はきつかったが、2年目になると組織内も次第に自信を持ち始めた」（顧問）

そして、安倍にとって初陣となった93年7月の第40回衆議院選挙は思いがけない形でやってきた。

自民党分裂である。

海部内閣の後を継いだ首相・宮沢喜一は政治改革（小選挙区制導入）の実現を掲げたが、与野党に抵抗が強く、改革は進まなかった。折しも、東京佐川急便事件が発覚、自民党副総裁で最大派閥・竹下派のドンと呼ばれていた金丸信が同社からの5億円闇献金問題で議員辞職に追い込まれたことをきっかけに、小沢一郎、羽田孜らが新政策集団「改革フォーラム21」（羽田派）を結成したことで、「一致結束、箱弁当」と言い習わした結束力を誇る最大派閥が分裂、党内は大混乱に陥った。

宮沢はテレビで政治改革法案を「どうしてもこの国会でやる。私は嘘はつかない」と言い切ったものの、最終的には党内の反対で法案提出断念に追い込まれる。

すかさず野党が内閣不信任案を提出すると、政治改革推進を主張する羽田派を中心に自民党から造反が相次いで不信任案は35票差で可決。宮沢は内閣総辞職を拒み、解散・

総選挙に踏み切る（同年6月18日）が、これで自民党は大分裂を起こした。羽田派は新生党を旗揚げし、晋太郎が率いた旧安倍派（三塚派）からも武村正義、園田博之らが党を飛び出して新党さきがけを結成した。政界激動の始まりだった。

安倍の選挙区、旧山口1区も荒波をまともに受けて、定員4人に8人が出馬する大混戦となった。

自民党からは新人の安倍と前職の林義郎、河村健夫の3人、社会党、共産党に加えて、晋太郎が「将来、晋三の片腕に」と目をかけていた山口県議の古賀敬章が新生党から、また元自民党参院議員・江島淳の後継者である息子の潔までが日本新党から出馬したからだ。

ガタガタになった自民党の姿を見た安倍も、一時は「公認をもらわないで戦う手もあるな」と無所属出馬に迷う。しかし、「自民党は沈みゆく船だと言われているが、あえてこの船に乗り込み修理し、再び日本を引っ張る船にしなければならない」（安倍）と考え直し、自民党からの出馬を決断する。

保守地盤が強い山口で父から引き継いだ後援会組織や系列の地方議員をフル稼働させるためには、自民党から出馬せざるを得ないという事情もあった。

総選挙の公示を2日後に控えた同年7月2日の事務所開き。降りしきる雨の中、新幹線・新下関駅前の選挙事務所前には約３０００人が集まった。亡父の墓前に必勝祈願して臨んだ安倍は、「チェンジ、チャレンジ！」をキャッチフレーズに掲げてこう挨拶した。

「政治改革を誰が中心になり、責任を持ってやるかを決める選挙だ。父が残した縁で、新しい時代の担い手の1人として参加させてほしい」

選挙戦がスタートすると、晋太郎の後継者という「看板」が威力を発揮する。

元派閥領袖の息子の選挙とあって旧安倍派を衣替えした三塚派から郵政相・小泉純一郎、通産相・森喜朗、元運輸相・石原慎太郎ら大物議員が続々と1区に入り、安倍の応援に喉を嗄らした。晋太郎の盟友だった元首相・竹下登もやって来た。

このとき竹下は洋子に語りかけた。

「派閥とかそういうものを離れて私と安倍晋太郎君との友情で来たんです。晋三君を一人前にすることが僕の責任ですから」

洋子は「やはりあのとき（中曽根裁定前の一本化調整）のことが胸中にあるのかしら、主人に先立たれたことに返しようもない借りを感じておられるのかしら」と感じた。

そしてなにより、この選挙で力を発揮したのが岸の娘として、さらには晋太郎の妻として長年、選挙区を守ってきた洋子その人だった。晋太郎を支えた後援会婦人部を固める一方、島根県境まで出向いて山間の村々をくまなく歩いた。息子の初陣を自著の中で控えめにこう書いている。

〈晋三が主体でやるわけですから、わたくしが前面に出るような形は避けますし、そのへんは前より楽と言えば楽かもしれませんが、かえって陰で心配することはいろいろありますので主人の選挙よりも心配、というのがホンネなのです〉

だが、後援会の古参幹部が笑いながら語った。

「洋子夫人がおったら、選挙に慣れない若奥さん（昭恵）が邪魔になるくらいじゃった」

現在もなお健在で岸・安倍ファミリーのゴッドマザーと呼ばれる洋子は、かつてのように選挙の前面に立つことはなくなったが、それでも選挙になると地元に督戦に入り、「洋子奥さんが後援会で、『晋三をよろしくお願いします』と挨拶するだけで、陣営がキリッと引き締まる」（後援会の古参会員）という。

竹下まで応援に駆けつけたことで陣営は燃えた。安倍は開票日前日には、「まず心配はない。あとはどれだけ晋太郎の息子として恥ずかしくない票を得られるかだ」とまで自信を持つ。

開票日当日。事務所に集まった４００人の後援者たちの視線がテレビの開票速報に釘付けになるなか、午後７時半すぎ、早々と「安倍晋三、当確」のテロップが流れた。一斉に拍手と歓声が上がった。

「いくら大丈夫と言われても、息子の選挙だったし、フタを開けてみなければ分からない不安があった」

洋子の目は、流すまいと思っていた涙でたちまちかすんだ。

安倍もまた一瞬放心状態に陥り、報道各社のインタビューに「父の志、父に託した皆さんの夢を継ぎたい」と語った。

安倍の得票は9万7647票。2位の自民党前職・林義郎に約3万票の大差をつけてのトップ当選だ。洋子と昭恵が手にした大きなダルマに安倍は、たっぷりと墨を付け黒々と目を入れた。

事務所内の興奮が鎮まると、安倍は目を赤くして支持者や秘書に深々と頭を下げた。

「この2年間本当にありがとうございました。父もきっと天国で喜んでくれていると思います。票に恥じない研鑽を積み、皆さんのご恩に報いていくつもりです」

翌日、晋太郎の墓前にぬかずいた。

「親父、やったよ」

38歳、青年政治家・安倍晋三の誕生だった。

もうひとつ触れておかねばならない。

父から地盤、看板をそっくり継いだ安倍は、選挙に有利な「三バン」の残りのひとつ、

「カバン」＝政治資金も受け継いだ。

自民党の派閥政治華やかなりし時代、派閥の領袖は総理・総裁を目指すために全国に業界別の後援会を組織し、強力な集金力を誇った。「次の総理」の最右翼といわれた晋太郎も30余の政治団体を持って複数の金庫番秘書に政治資金を管理させていた。

安倍は父の政治団体を再編して引き継いだ。

初当選した93年の政治資金収支報告書が自治省（現在の総務省）で公表されると、新人議員の安倍の突出した資金力がメディアに注目された。

〈一年生議員ながら、安倍晋三衆院議員は指定団体「晋和会」に一億八千万円、父親の故安倍晋太郎元外相の政治団体を統廃合した「緑晋会」に五億八百万円の計約六億八千九百万円の預貯金。政治団体の資産も「遺産」として引き継いだ形だが、安倍事務所は「預貯金を食いつぶしている状態」と説明する〉（毎日新聞1994年9月9日付朝刊）

この政治団体の資産額は当時、竹下登（六億四千万円）、中曽根康弘（四億八千三百万円）という首相経験者の派閥領袖を上回っていた。

同日付の朝日新聞には政治資金に関する安倍のこんな発言が紹介されている。

「ゼロから始める人に比べれば、天と地の開きがある」

自民党への大逆風が吹くなかでのトップ当選は、安倍にいくら否定したい気持ちがあろうと、父から引き継いだ地盤、看板、カバンあったればこその得票だった。

安倍は初陣を逆風のなかで見事に戦ったが、「さあ、いよいよだ」と初当選にテンションが上がった安倍を待つ国会では、自民党はズタズタになり、歴史的な転換が起きようとしていた。

政治改革をめぐる自民党分裂とスキャンダルに有権者が厳しい審判を下し、自民党は223議席と過半数を割り込んだ。祖父の岸が初代幹事長として礎を築き、父・晋太郎が命を削って支えた自民党は、結党（1955年の保守合同）以来、40年近く保ち続けた長期政権に終止符を打つことになったのだ。

その立役者が自民党を離党した小沢一郎（当時は新生党代表幹事）だった。

自民党は過半数を割ったとはいえ、第2党の社会党も70議席に半減、新生党55、公明党51、日本新党35、民社党15、さきがけ13で、自民党が議席数では圧倒的第1党であることに変わりはなかった。社公民3党内には自民党の単独政権容認論すら出ていた。

しかし小沢は、このチャンスを逃す気はなかった。

「この議席数だったら、非自民連立政権が可能だ」

自民党が政権維持にもたつくのを尻目に、豪腕で鳴る小沢は連立工作を潜行させた。

投開票日（7月18日）から2日後、日本新党代表の細川護熙と極秘接触するや、小沢は「総理大臣を」と単刀直入に斬り込んだ。「細川がやるなら俺が」と「その気」になった新党さきがけ代表の武村正義が横やりを入れる。小沢はこれをかわしながら、社会党、公明党、民社党などに根回しして細川を必死に口説いた。7月22日深夜、細川は野党連合の首相指名候補として立つことを決断した。

細川・非自民連立政権の誕生が決定的になった瞬間である。

もちろん、自民党とて指をくわえて政権が掌からこぼれ落ちていくのを見ていたわけではなかった。例えば、安倍が当選後身を置く三塚派のボス・三塚博は解散直後から、改革推進派の大御所・後藤田正晴を軸にした連立政権づくりを画策。三塚派に在籍したことのある武村とも接触している。

後藤田を離党させて旗を作り、その下に日本新党、さきがけ、自民党が結集して緊急避難的な改革・救国政権を打ち立てる――が基本的な絵図面だった。後藤田も周囲に「政権は瞬時たりとも間を開けることは許されない。自民党が中心になって政治への責任を担っていかなければならない」と語るなどその気になっていた。しかし、肝心の後藤田が公示後に体調を崩して緊急入院し、救国連立構想は急速にしぼんだ。

自民党ＯＢは当時を振り返ってこう語った。

「政権を渡さないためいろいろな人がいろいろなことを考えたが、どれも中途半端だった。過半数を割った危機感をバネに一枚岩になって出直そうということになってもよさそうなのに、現実には誰もがあまりの惨敗に何をどうしたらいいのかわからない混乱状態から抜け出せなかった。その隙に小沢1人に上手く立ち回られ、政権をさらわれた」

初めての選挙で地元でドブ板を踏んだ安倍にとって、永田町での連立をめぐる駆け引きは雲の上の出来事だった。この年の第127特別国会は、次の政権の枠組みを決める連立工作が長引いて総選挙の投開票日（7月18日）から2週間以上経った8月5日に召集された。

自民党は敗北したものの、胸を弾ませ晴れ晴れしい思いで初登院した安倍晋三は、カメラのフラッシュを浴びながらマスコミのインタビューにこう答えている。

「自民党が野党に下るという歴史的なときに国民の皆様の負託に応えて仕事をスタートできることの責任の重さを感じます。生前の父の遺志を継ぐことに心を躍らせています」

だが、安倍がいきなり遭遇したのは、異常な国会の光景だった。

憲法第70条には、総選挙後初めて国会（特別国会）が召集されたとき、内閣は総辞職しなければならないと規定されており、召集日には衆院議長を選び、国会の会期幅を決めたうえで、新しい首相を選出する必要がある。

このときの特別国会は、そうした手続きが一切できないまま、のっけから空転する異常な幕開けとなる。衆院議長選出をめぐって非自民連立与党と自民党が鋭く対立したためだ。双方12時間近くもにらみ合いを続けた挙げ句、午後9時半、衆院本会議は開かれたものの、「議事日程は延期し、これにて散会」となった。会期が決まらない事態は、1947年の第1回国会以来のことだった。

「中身のない非自民連立政権なんて明日にも解散したほうがいい」

安倍は国会混乱にそう感じたと述懐している。

空転国会は翌6日夜、ようやく正常化。衆院本会議ではまず議長選挙が行なわれた。社会党元委員長・土井たか子が選ばれ、憲政史上初めて女性議長が議長席に座った。そして第79代、50人目の総理大臣には、衆参両院で自民党候補らを抑えた非自民8党派の統一候補である日本新党代表・細川護熙が選出された。38年間続いた自民党単独政権にピリオドが打たれ、日本の政治は連立時代へと入っていく。

「新しい時代が始まったという実感がする。1枚のページではなく、1つの章がめくられたという感じだ。そして天命に従う厳粛な気持ちだ」

首相就任挨拶でそう語った細川は、80％近い支持率を追い風に船出していく。自民党にとって「冬の時代ならぬ氷河期がきた」（元幹部）のである。

安倍の政治家人生は「まさか」（安倍）の野党議員としてスタートした。

洋子が息子の後ろ楯に頼った「小沢」

自民党長期政権の下であれば、「元幹事長・安倍晋太郎の息子」として党内に多くの後ろ楯がある安倍の政界での緒戦は順風満帆だったはずだ。しかし、頼みの自民党は権力の座から転げ落ち、右も左もわからない新人の安倍は、自分の力で政界激動を乗り切っていかなければならなくなった。

そんな息子を心配したのだろう。初当選して間もない頃、洋子は細川政権誕生から時間をあけずに2人の人物に晋三を引き合わせている。1人は財界人だったが、もう1人は意外な人物だ。非自民政権誕生の立役者・小沢一郎である。ひそかに小沢との会食をセットした洋子は、息子を引き合わせて言った。

「晋三はまだまだ未熟者です。どうか一人前の男にしてやってください」

「私にできることは何でもやります」

小沢はそう応じた。剛腕、壊し屋と呼ばれ強面のイメージが強い小沢だが、こういう面では実は義理堅い政治家である。安倍の地下水脈のひとつが、以後ひそかに息づいていく。

安倍と小沢との繋がりの源は父・晋太郎にある。

竹下政権がリクルート事件で総辞職し、海部政権が誕生すると、40代だった小沢が幹事長に就いた。竹下派の中では「若すぎる」というジェラシーも絡んで梶山静六を幹事長に推す動きがあった。派閥領袖の竹下も小沢の幹事長起用に難色を示していた。それを元副総理・金丸信が竹下を説き伏せて直系の小沢を幹事長ポストに押し込んだ――というのが通説になっている。ところが真相は少し違う。小沢幹事長誕生に決定的な役割を果たしたのは、実はライバル派閥のボスである安倍晋太郎だったのだ。

この頃、晋太郎は手術後いったん順天堂大学病院を退院して表舞台に復帰、政治活動を再開していた。総選挙を考えれば、政界汚職にまみれた自民党を立て直し、リニューアルしなくてはならない。晋太郎はその先頭に押し立てる幹事長は若手の小沢しかいないと見ていた。晋太郎は、党内実力者の渡辺美智雄を味方に引き込んで金丸に猛アタックする。

派内の批判的な空気を知る小沢は幹事長就任を渋ったが、金丸は「あとのことはすべて任せろ。俺がやる」と有無を言わせず腹をくくらせた。安倍、金丸という外堀、内堀を埋められては、竹下といえども抵抗に限界がある。最後には「俺は小沢でいい」と認めざるを得なかった。

晋太郎が何故それほど強く小沢を推したのか。2人は竹下政権で安倍幹事長―小沢官房副長官としてスクラムを組んで内外の懸案処理に当たっていた。その頃、内政では消費税導入、外交では米国との牛肉・オレンジ自由化をはじめとする通商問題を抱え、そのうえリクルート事件で自民党は大揺れだった。司令塔役の晋太郎はとりわけ国会運営に苦しんだ。

その晋太郎を陰で支えたのが小沢だった。官房副長官は内閣にあって国会対策の役割を担う。小沢は消費税国会で黙々と裏方を務めて消費税導入への根回しに奔走する。その姿を見た晋太郎は「やるねえ、小沢君は。経世会（竹下派）には本当に人がいる。うらやましいなあ」とまで口にしていた。

さらに晋太郎が舌を巻いたのは、翌年の建設市場を巡る日米交渉や航空自衛隊の次期支援戦闘機（ＦＳＸ）の日米共同開発問題を訪米してまとめた小沢の手腕だ。

一方の小沢も、せっかちだが細かいことを口にせず、自由に動くことを容認する晋太郎の懐の深さに改めて政治家としての器の大きさを見る。

後のことになるが、海部政権の崩壊時、小沢が後継総裁候補を〝面接〟する一件があった。小沢の驕りという批判も高まった有名な出来事だ。このとき小沢は「安倍さんが元気でいたら文句なく『よろしく』と真っ先に頼んでいた。あの人に一度は総理をやってほしいと思っていた」と周辺に漏らしている。

洋子はそうした晋太郎と小沢のつながりをよく知っていた。だからこそ、自民党が野党に転落したなか、細川政権で権力を握っていた小沢に息子の後見を頼んだのだろう。

では、安倍自身は小沢をどう見ているのか。筆者は安倍が小泉政権時代に小沢と同じ40代で自民党幹事長に就任したとき、当時は野党・民主党の重鎮だった小沢評を尋ねたことがある。

「小沢さんという政治家は、ある事態を突破していく能力を持った人だ。よく言われることだが、既存の枠組みを壊していくという能力はある。それで一応、正しいか間違っているかは別として骨太のビジョンも示してきている」

小泉政権の宿敵だった人物に対しては、精一杯の評価ではないだろうか。

「保守主義」の勉強

新人議員時代、安倍は憲法や安全保障、保守主義の書物に向き合わざるを得なくなる。ようやく「タカ派の安倍」の基礎が作られ始めた時期だ。

成蹊大学時代の恩師の1人が安倍の思想について、「安倍君は保守主義を主張している。思想史でも勉強してから言うならまだいいが、大学時代、そんな勉強はしていなかった。ましてや経済、財政、金融などは最初から受け付けなかった」と厳しく指摘したことはすでに触れた（第二章）。

1年生議員になった安倍は、自民党の外交部会と衆院外交委員会に所属する。経済や財政が不得手だった安倍にとって、外務大臣だった父の秘書官を3年8か月も務めた経験から外交は馴染みがある分野だったことは間違いない。

大学時代の学友は政界入り後の安倍と交わしたやりとりを覚えている。

「俺、今度外交部会に入るからな」

「そんなに面白いのか」

「いや、外交なんて票にも何にもならないさ。だけど、俺は（外交が）好きだからな。それで入るんだ」

もっとも、安倍の外交好きに冷ややかな見方をする目もあり、「外交は大変だ大変だと危機感を煽り、ナショナリズムを鼓舞すれば、目に見える成果があがっていなくても世論からは〝戦う政治家〟に見えて受けもいいから楽なのではないか。自己主張が強く、少年期から相手をねじ伏せることに自己満足していた彼には合っているのだろう」（中学校以来の学友）という推測も、一定の説得力はある。

外務大臣秘書官の経験があるとはいえ、外交委員会に所属すれば国会で質問に立たなければならないから、父の威光や秘書の助けだけでは通用しない。門前の小僧が習わぬ経を読むようにはいかない。

この頃、安倍が好んで読んだのは保守派の論客として知られ、「首相になってからも、折に触れアドバイスを受けている」（周辺）と言われる西部邁の著作だった。『幻像の保守へ』『私の憲法論』『批評する精神』などは、「保守とは何か」を考えるうえで大きな影響を受けたという。

安倍は幹事長時代に立ち上げた「党基本理念委員会」の講師に西部を招いている。テーマは「自由民主党の護りうるべき保守の精神」であり、西部は講演で「歴史・習慣・伝統を守っていくのが保守であり、それを破壊して新たなものをつくろうとするのが革新」と持論を展開した。この保守の定義は安倍と近いと考えてよい。

安倍も新人議員時代（1996年）に出版した栗本慎一郎、衛藤晟一との共著『「保守革命」宣言』（現代書林刊）でこう書いている。

〈今改めて保守主義とは何か、ということが問われようとしている。私は西部邁さんがいっている「保守」の定義というものに一番共鳴するところがあって、保守というのは現在・未来と同時に、過去に対しても責任をもつような生き方ではないか、という風に考えています。つまり、過去に生きていた人達の声なき声や願いをも含めて政治をしていく、ということ。例えば、五年や十年という尺度ではなくて、百年、二百年という尺度で、過去側にも未来側にも立って、ものを考える姿勢ということです〉

また、スペインの哲学者オルテガ・イ・ガセットの著作『大衆の反逆』も、安倍が影響を受けた1冊だという。大衆は愚鈍ではないが無責任で、いつ心変わりするかわからない。それこそが大衆の特権であり、社会はそうした大衆の意識によって動く。「大衆」という存在を社会学的に考察した同書は、ナチスが台頭し始めた1930年代に世界中でベストセラーになった。

祖父・岸信介が成し遂げた安保改定は世間から悪評さんざんだった。幼い頃からそれを苦々しく感じていた安倍は、この『大衆の反逆』から大衆＝世論の影響力の大きさ、怖さを学んだという。彼にとって、大衆、国民は必ずしも身近な存在ではなく、あくまで政治と対置されるものなのだ。だから大衆を動かすメディア・パフォーマンスや世論調査の数字に人一倍気を使うのだろうが、時にそうしたポピュリズムは、政治にとって国民が〝邪魔者〟に見える危険がある。

〈私が保守主義に傾いていったというのは、スタートは「保守主義」そのものに魅かれるというよりも、むしろ「進歩派」「革新」と呼ばれた人達のうさん臭さに反発したということでしかなかったわけです。それに反発して保守の方に行き、保守思想の奥の深さに魅かれていった、というようなものではなかったろうかと考えています〉（『「保守革命」宣言』）

重層的な歴史を重んじようとする保守思想とは、排除の論理ではなく、もっと深く広く文化や思想の違いを包含できるものでなければならないようにも思うが、安倍にとっては革新、リベラルは常に敵でしかない。これではずいぶん底の浅い保守思想に見えてしまう。安倍は保守思想のどういうところに「奥の深さ」を感じたのだろうか。

著書では、やはり岸の存在の大きさが垣間見える。引用が長くなるが、国会議員になって3年目の安倍が、自らの保守思想のルーツを祖父と父の戦争観の違いを交えて書いている一節は、この政治家を理解するうえで大いに助けになる。

〈私の保守主義について、もう一点触れておくとすれば、やはり祖父の影響でしょう。

祖父はまったくの明治生まれであり、まったくの戦前育ち。私にとっては別世界で少年期、青年期をおくった人間です。私が青年時代に祖父から聞かされた話の数々は私にとって新鮮であり、少なからず影響を受けたと思います。

一方、父は大学以前の教育は戦前ですけれども、それ以降は戦後です。そうすると、戦争というきわめて悲劇的な経験をしていますから、そのことが非常に大きく思想形成に影を投げかけていたわけです。どうしてあんな戦争になってしまったのかとか、それに対する世代的な反省とか、そういう懐疑的な所がやはり多かった。

けれども祖父の場合は、先の大戦に至る前の、ある意味では日本が大変飛躍的な前進を遂げた〈栄光の時代〉が青春であり、若き日の人生そのものだった。だから、それが血や肉になっている。そこの違いが実に大きかったわけです。

祖父はそうした時代に、きわめて大きな自信を持っていた。そうすると、興味を引かれるのは、皆が「とんでもないものだ」と思っているその戦前の時代に、強烈な自信を持つというのは、一体その背景にあるものは何なんだろうということです。

それに、わが国の形として、祖父はアジアの国としての日本が、皇室を中心とした伝統を保って、農耕民族として互いに一体感を持ちながら強く助け合って生きていくという国のありようを、断固として信じていました。そのためには、自分は相当のことだっ

てやるぞ、という感じがいつもあふれていた。それに強い感銘を覚えたことは事実です〉

晋太郎の戦争体験を「思想形成に影を投げかけていた」とネガティブに捉え、岸の青春時代（大正期）を「日本が大変飛躍的な前進を遂げた〈栄光の時代〉」と憧憬を隠さない。安倍の歴史認識の原点がここに読み取れる。しかし、よく考えれば祖父の青春時代も父の戦争体験も、安倍はもちろん直接知らないし、恩師や学友が言うように歴史の書物を繰って勉強した形跡もあまりない。それでも「祖父は正しい、父は間違っている」と断を下したのは、おそらくは「パパより、おじいちゃんが好き」というようなパーソナルな体験によるのだろう。

安倍の新人議員時代の読書も、純粋な意味での知識の吸収というよりは、幼心に刻まれた「おじいちゃんは正しい」という思いを確認する作業だったように思える。「おじいちゃんのやったことは間違っていなかった」とする「岸史観」が、首相に就いた安倍をして憲法から安保、教科書に至るまで、戦前回帰とも思える戦後体制の否定にひた走らせているのではないか。そうでないというなら、好き嫌いとは関係なく、国民の一定の支持を受けて国会に議席を持つ革新派、リベラル派の主張や思想も、ただ「うさん臭い」と漠然と否定するのではなく、書物を読み、話を聞いて勉強してみるべきだ。そのうえに築かれた保守主義であれば、なるほど分厚い思想である。

現在の安倍の言葉も、どこか戦中のヒロイズムを思い起こさせる。「敵が千万人と雖《いえど》もわれ行かん」「私が総理大臣。決めるのは私だ」「右翼の軍国主義者と呼ぶなら呼べばいい」などと勇ましい言葉を使って日本丸の舵を操るが、筆者はそうした安倍の姿を見るにつけ、かつて晋太郎から聞かされた言葉を思い出す。

「いつも、首相が先頭に立つ必要はまったくない。最高指導者には右も左もない。ものごとを決め、方向性を決める最高指導者に求められるのはバランスだ。私が新聞記者時代に養った判断力とバランス感覚は、何にも代えがたい財産だと思っている」

一国の指導者は、政策を通じて国民に均《ひと》しく幸福がいきわたるようにし、その生命と財産の安全を保障する責務がある。「公」の立場に立つべき政治家、それも最高指導者が「私」をむき出しに政治を行なえば、国のバランスはもろく崩れる。晋太郎がバランス感覚を自らの「財産」だと語ったのは、総理・総裁として国を過《あやま》たないための自戒だったのだろう。短気だ、タカ派だといわれた晋太郎だからこそ、自分の弱点が国を過つ原因になってはいけないと強く思った。自民党が最も隆盛を誇った時代、総理・総裁を目指す者にはそれくらい厳しい資質が求められたのだ。党内の反主流派にはポストや選挙での公認をちらつかせて脅し、野党は徹底的に敵視して数の力で踏みつぶす――そういう今の自民党に、晋太郎のような保守思想が根付いているとはどうしても思えない。

晋太郎が、自分が成し得なかった総理大臣の地位に就いた息子が「右翼の軍国主義者と呼ぶなら呼べばいい」とうそぶく姿を見たら、どう感じるだろうか。

社会党の「村山首相」に投票

安倍が新人議員時代、政界は息つく間もない激動の時代を迎えていた。

非自民の細川連立政権はわずか9か月で自壊し、後継の羽田内閣も2か月で退陣。自民党は非自民連立のほころびに乗じて、なんとかかつての宿敵だった社会党を抱き込み、下野して1年も経たないうちに社会党委員長の村山富市を首相に担ぐことで政権に返り咲いた。

下野が決定的になっていた初登院の日、「中身のない非自民連立政権なんて明日にも解散したほうがいい」とまで思った安倍は、1年後に自民党が社会党首班の連立内閣を組み、55年体制下、不倶戴天の敵であり続けた社会党内でも最も「左」に位置する村山に投票しなければならないという事態に直面して何を思ったのか。

〈自民党が政権を取り返し、それなりの秩序を政界に回復していこうとしたら、あれ以外に方法はあっただろうか、ということを是非考えていただきたいと思います。当時の新生党が、社会党と手を組むという尋常ならざる手段を取る中で、「その手はわれわれは使いませんよ」といっていたら、もう戦いにはならなかった。だから、あのような手段を取らざるを得なかったということ〉(『「保守革命」宣言』)

政治は理想論だけでは通らないという「洗礼」を受けた安倍は、筆者に改めて当時を振り返った。

「やっぱりこれは緊急避難的なものなんだと自分を得心させた。でも、正直言って『この先、(社会党と一緒になって)このままいくと、ほんとに何があるのだろうか』という強い危機感を持った。そんな思いもあって、村山さんが首相に指名された夜、まんじりともしないで様々な思いをめぐらせたことを覚えている」

もちろん、一介の陣笠議員にすぎなかった安倍は連立工作に加わる立場にはなく、時の幹事長・森喜朗、政調会長・橋本龍太郎ら党執行部の判断を驚きながら見守るしかなかった。

しかし、この村山政権は安倍にとって禍根を残すことになる。

戦後50年となる1995年の終戦記念日、村山首相は戦後50年決議が衆議院の過半数の反対で不採択になると、歴史的な談話を発表した。いわゆる「村山談話」である。

〈わが国は遠くない過去の一時期、国策を誤り、戦争への道を歩んで国民を存亡の危機に陥れ、植民地支配と侵略によって、多くの国々、とりわけアジア諸国の人々に対して多大の損害と苦痛を与えました。私は、未来に誤ち無からしめんとするが故に、疑うべくもないこの歴史の事実を謙虚に受け止め、ここに改めて痛切な反省の意を表し、心からのお詫びの気持ちを表明いたします〉

村山の一連の動きに安倍は当時、こう思ったと語っている。

「反省の意を示すことに別に異存はない。だが謝罪を国の意志として世界に発信するからには誰もが納得する内容でなくてはならない。国民の負託を受けている国会議員の半数が決議に反対するようなみっともない結果はやはりおかしい。返す刀で首相談話というのもいただけない。『国策を誤る』とは具体的に何を指すのかさえ分からない」

20年後に首相の座にあった安倍は「戦後70年談話」でこの村山談話の見直しを狙った。しかし皮肉にも、国民の「誰もが納得する内容」にするため、安倍談話でも〈我が国は、先の大戦における行いについて、繰り返し、痛切な反省と心からのお詫びの気持ちを表明してきました〉という一文を盛り込まざるを得なかった。「わが国は……表明してきました」という第三者的な視点を装ったあたりに、本当は「お詫び」したくないという安倍の気持ちが見えているようにも思えるが。

村山政権は1年半続いたが、阪神淡路大震災があった95年の参院選で社会党が16議席という大惨敗を喫したことで村山は辞意を漏らし、予算編成が終わって年が明けた96年1月、突然辞任を表明する。561日続いた村山内閣の後を受けた首相指名で橋本龍太郎が後継に選ばれ、自民党は本格的に政権復帰したのである。

橋本政権誕生から8か月後の同年10月、第41回衆議院選挙が行なわれた。

安倍にとって2度目の戦いは新制度＝小選挙区比例代表並立制による選挙となった。小選挙区制では当選者は1選挙区から1人だけだ。地盤の下関市を中心とする山口新4区から出馬した安倍の相手は、新進党前職と共産党新人の2人だった。「ウィズ・スピリッツ!!――力強く、明日へ――」をキャッチフレーズに無党派層や女性票の取り込みに力を入れた。事前の楽勝予想で陣営内に緩みも生じたが、安倍は次点に約3万4000票の大差をつけて当選し、2回生となった。

「政策新人類」になれなかった若手時代

自民党長期政権時代、新人議員の出世の階段には決められたコースがあった。

当選1回生の間は自分の所属する委員会だけではなく、先輩議員などが都合で委員会に出席できない場合は、定足数を満たすための差し替え委員（代返要員）として他の委員会にも出席する。同時に党の政務調査会では「外交部会」「建設部会」など省庁ごとに置かれた部会に所属してどのように政策が決まっていくかのプロセスを勉強する。いわゆる「陣笠」、議員としての見習い期間である。

2回生で初めて国対副委員長として野党との折衝にあたり、各省庁の政務次官（現在の政務官）に就任して役所の内側で仕事を学び、議員10年目くらいの当選3回生になってようやく政調の部会長に就任してその分野の政策の調整役を経験する。ここで手腕を発揮すると「政策通」と呼ばれ、役所でも発言力を持てるようになる。「陣笠」が取れるわけだ。

そして4回生は副幹事長、5回生で国会の常任委員長や早い者は大臣、遅くとも当選6回、議員を20年近く経験すれば、ほとんどの議員が1回は大臣になることができた。さらに総理・総裁を目指す者は、通産大臣（現・経済産業大臣）、外務大臣、大蔵大臣（現・財務大臣）などの重要閣僚を歴任し、党三役（幹事長、政調会長、総務会長）を経験してから総裁選に打って出るものだった。

連立政権の時代になると、指定席が減った大臣就任こそ狭き門になったが、若手議員の出世の階段はあまり変わっていない。

そんな階級社会のなかで、安倍は2回生となった97年5月に国会で初めてライフワークとなる北朝鮮による拉致事件について質問した。当時はまだ「拉致疑惑」と呼ばれていた。ちょうどこの年の2月に横田めぐみさんの拉致疑惑が表面化、翌3月には「北朝鮮による拉致被害者家族連絡会」が発足。5月には警察庁が「拉致疑惑は7件10人」と公表するなど拉致問題がようやく表に出始めた時期だった。

「我が国政府が当然守らなければいけない人命と人権がまさに侵害されている。これに対し政府は何もできない。これは国家としての義務を放棄しているに等しいと思う」

さらに2週間後の6月4日にも安倍は、再び質問に立つ。

「(北朝鮮は)テロ国家と言っていい。これ(拉致)はまさに国家による犯罪だ。これを解決していくためには国家が強い意志を持って相対していかなければならない」

しかし、安倍質問は全く注目されなかった。質問翌日の新聞各紙を点検してみても、日本人妻の里帰り問題や、政府が拉致疑惑問題に各省庁と緊密な連絡を取るとの意向表明をしたという扱いの小さな記事はあるが、質問者の名前は見当たらない。

「私が質問した当時は、拉致問題を口にしても党内はむろん、世間ですら相手にされず、質問した私や平沢(勝栄)さんは党内でも変わり者扱いだった」

安倍はそう振り返っている。

その頃、不遇をかこっていた安倍とは対照的に下積みであるはずの若手議員たちが脚光を浴びる出来事があった。「金融国会」である。

１９９７年から翌98年にかけて、北海道拓殖銀行や山一証券などの破綻をきっかけに金融危機が深刻化し、発足したばかりの小渕内閣は98年の臨時国会に日本長期信用銀行など大手銀行を救済する金融再生法案を提出、これに民主党、新党平和（公明党）、自由党など野党側が対案を提出するなど銀行救済をめぐって国会で大論争が巻き起こった。

このとき与野党の折衝の最前線に立ったのが、各党の幹部やベテラン議員ではなく、「政策新人類」と呼ばれた金融政策に詳しい若手議員たちだ。後に党幹部や重要閣僚に出世する新人類として、自民党では日銀出身の塩崎恭久、石原伸晃、渡辺喜美、民主党では枝野幸男、池田元久、古川元久といった顔ぶれがいた。

彼らは「護送船団方式」と呼ばれた大蔵省主導の銀行行政に批判的で、政府案ではなく、野党案を軸に金融安定化策を議論し、小渕内閣は最終的に野党側の主張を丸呑みする形で法案を修正、成立させた。そのことで政策新人類は一躍名を上げた。

しかし、経済や金融が得意ではないとみられていたからか、安倍はメンバーに選ばれず、当選同期の塩崎らの活躍を見ているしかなかった。

「おい。金融ってそんなに儲かるのか」

当時、金融危機対策に飛び回っていた議員の1人は、安倍からそう声をかけられて苦笑したことがあると話す。

若手の「登竜門」で失敗

同僚の若手議員たちの活躍をまぶしく見た安倍は、この頃、自民党社会部会に所属する若手議員による社会保障の政策勉強会を立ち上げた。「NAIS《ナイス》の会」だ。

敬愛する岸が首相在任中、最低賃金法や国民年金制度を確立して現在に続く日本の社会保障制度の礎を築いていることも意識してなのか、大学時代、友人に「政治家になったら福祉をやりたい」とも語っていた安倍は、議員になると党の外交部会の他に、福祉や医療、年金等の政策を担当する「社会部会」（現在は厚生労働部会）に所属し、「厚労族」としての道を歩んでいた。

当時の社会部会には当選同期で政策新人類の塩崎恭久（同期）、石原伸晃（1期上）らがいた。安倍は塩崎、石原、これも同期の根本匠を含めた厚労族の若手4人で政策勉強会を作り、４人のイニシャルを取って「ＮＡＩＳの会」と名づけたのである。

安倍は金融国会後に小渕内閣が公明党、自由党と自自公連立を組むと、若手厚労族の登竜門といえる自民党社会部会長に就任（99年）し、大きな仕事を担うことになる。健康保険、年金と並ぶ厚労行政の柱となる「介護保険制度」の導入である。

しかし、なんとしても制度を導入したい厚労省に対し、自民党内では政策責任者である政調会長・亀井静香が「子が親の面倒を見る美風を損なう」として導入そのものに反対するなど、タカ派の長老議員に反対が強く、党内調整は難航を重ねた。新たな介護保険制度では、国民は健康保険の他に介護保険料を負担しなければならなくなることに批判や反対が強かったことも背景にある。

百戦錬磨のベテランたちをどう説得するか、部会長である安倍の真価が問われた。難局ではあるが、見せ場でもある。

党内協議の大詰めになって亀井ら反対派は、「介護保険制度は導入するが、介護保険料の徴収を凍結する」ことを主張した。それに対して安倍は社会部会で決定した「保険料徴収は凍結しない」という方針を崩さず、反対派とせめぎ合った。最終的には保険料徴収の「半年間凍結」という、文字通り足して2で割る妥協案に落ち着く。

安倍は「スムーズに介護保険制度をスタートさせることができた」と自負するが、当時社会部会メンバーだった自民党議員たちの評価はもっと厳しかった。

「党の調整役である部会長は若手議員の腕の見せ所だが、介護保険導入というまたとないチャンスで安倍は登竜門をうまくくぐり抜けることができなかった」

それでも安倍には、マイナス評価を補う「運」と「晋太郎の息子」という出世のコネがあった。

首相の小渕が脳梗塞に倒れ、2000年4月に父・晋太郎の弟子だった森喜朗が首相に就任したことは今から振り返れば安倍の最大の転機だったと言っても過言ではない。小渕内閣の閣僚をそのまま引き継いだ森は、その年7月の内閣改造(第2次森内閣)で「恩人の息子」である安倍を内閣官房副長官に抜擢する。

官房副長官は首相官邸で総理を支え、政権の枢機にかかわる重要なポストだ。総理・総裁派閥のなかから若手有望株が送り込まれ、「総理の女房役」「内閣の大番頭」と呼ばれる官房長官の下で、幹部候補生として鍛え上げられていく。

「平時」の副長官は、例えば法案成立へ国会運営がスムーズにいくように与党の国対委員長をはじめ執行部との連絡役を務め、時に裏で野党とも地ならしのために接触する。役所から上がってくる情報量も多く、人脈も広がっていく。若手政治家にとって花形の登竜門といえる。森も福田赳夫政権時代に官房副長官を経験している。当時官邸詰めだった筆者は、「苦労もあるが、やりがいがあって面白い」と、森が口にしていたことを覚えている。

前述のように小沢一郎は自治大臣を経験した後、当選7回で竹下内閣の官房副長官になって実力を発揮したのに対し、安倍は当選2回で大臣はおろか政務次官の経験もなかったが、森内閣、その後の小泉内閣を通じて3年余も副長官を務めた。名門政治一家に生を受けた七光りの恩恵といえる。

だが、この官房副長官時代の「ＮＡＩＳの会」の仲間との行動が、その後、メディアの追及を受けることになるとは、安倍自身、思ってもいなかったに違いない。

発端は２００４年の日本歯科医師連盟（日歯連）事件だった。

日本医師連盟（日医連）と並ぶ自民党のスポンサーとして知られる日歯連が、歯科診療報酬の改定などを有利にするために、総額20億円以上を政界工作に使っていた事件だ。そのうち元首相・橋本龍太郎、元自民党幹事長・野中広務、自民党参院幹事長・青木幹雄の3人が日本歯科医師会会長から1億円の小切手を受け取っていた「橋本派1億円事件」が有名だが、東京地検特捜部は他にも診療報酬を巡る汚職事件や日歯会長選に絡む横領、選挙買収など一連の事件を捜査し、日歯連幹部6人、中医協委員2人、自民党国会議員2人、自民党派閥会計責任者、地方議員5人など計16人が起訴され、全員の有罪が確定した大疑獄事件だった。

日歯連は２０１５年にも、自民党参院議員らへの迂回献金に絡んで前会長ら元幹部３人が逮捕される政治資金規正法違反事件を引き起こしたが、04年当時の疑惑の渦中には、安倍ら若手厚労族が浮上した。

日歯連はそれまで医師にしか認められていなかった身体障害者の認定を歯科医師にもできるように身体障害者福祉法を改正することを政界工作の柱のひとつにしており、売り出し中のＮＡＩＳに働きかけた。その結果、01年９月、厚生労働省は従来の方針を転換し、障害保健福祉部長の通知によって歯科医師に障害者認定の診断書を書く権限を与え、日歯連側の要望は実現した。

日歯連の機関紙「日歯広報」（01年10月5日号）は、「歯科医師も診断書作成可能に　身障者福祉法15条改正で厚労省通達」という見出しでこう報じた。

〈この改正には日本医師会の坪井会長、石川副会長、安部《ママ》官房副長官、今田・厚労省障害保健福祉部長、根本衆院議員の甚大なる協力があった〉

日歯連の機関紙で安倍の字が「安部」と間違っていることが、当時の議員としての知名度をうかがわせるが、そんな目立たない業界紙の一文が、後に疑惑の証拠として安倍を苦しめることになる。

安倍サイドに日歯連から100万円の献金がなされていたことが発覚し、法改正への「甚大なる協力」との関連が取り沙汰された。官房副長官という経験に見合わない重職にあったことが逆にあだとなり、安倍は政治生命で最初の金銭スキャンダルに見舞われたのである。

結局、安倍に捜査の手が延びないまま事件が終息したこともあって、この醜聞は逃げ切りとなったが、以降、安倍はその潤沢な資金力ゆえに繰り返し「政治とカネ」で名が挙がることになる。

「超タカ派」の鎧《よろい》

官房副長官時代までの安倍は、「岸の孫」「晋太郎の息子」という華麗なる政治家一族の3代目として名前は知られていても、政策的実績が話題にされることはなかった。

外交族としての拉致疑惑の追及は黙殺され、厚労族としての介護保険や障害者福祉法改正ではマイナス評価、「政策新人類」とも呼ばれない。

祖父や父の業績を背負って政界に入った安倍は、この時期、大きな壁にぶち当たり、自分自身の政治家としての立ち位置に悩んでいたように思える。大学時代の友人に会ったとき、「外交や国防は得意だが、経済や財政などの勉強はまだまだ自分には足りない」と漏らしている。

そんな頃、安倍が見出したのが祖父である岸を継いだ「超タカ派政治家」という鎧を身につけることではなかったか。官房副長官時代、安倍がメディアで大きな注目を集める舌禍事件を起こしたのも、政界での立ち位置を求めてもがく安倍の心象風景を考えれば驚くに当たらない。

「憲法上は原子爆弾だって問題ではないですからね、憲法上は。小型であればですね」

「それは私の見解ではなくてですね、大陸間弾道弾、戦略ミサイルで都市を狙うというのはダメですよ。日本に撃ってくるミサイルを撃つということは、これはできます。そのときに、例えばこれは、日本は非核三原則がありますからやりませんけども、戦術核を使うということは昭和35年(1960年)の岸総理答弁で『違憲ではない』という答弁がされています。それは違憲ではないのですが、日本人はちょっとそこを誤解しているんです。ただそれ(戦術核の使用)はやりませんけどもね。ただ、これは法律論と政策論で別ですから。できることを全部やるわけではないですから」

2002年5月13日、安倍は早稲田大学の講演でいわゆる核保有合憲論を展開し、週刊誌『サンデー毎日』（2002年6月2日号）にこれが大きく報じられて、国会でも問題化した。

安倍は「政府解釈を紹介しただけ」と火消しに躍起になるが、安倍の上司にあたる官房長官の福田康夫はこの発言に「苦虫をかみつぶしていた」（自民党議員）とされ、安倍は自民党幹部からもクギを刺されている。

「政府の一員でありながら、いくら法律論だとしても国会中に最も野党を刺激するようなテーマをしゃべる感覚がおかしい。公開の席での話はいくらオフレコが前提であっても漏れることを意識して話すくらいのセンスがなくてどうする」

この発言の後、筆者が話を聞いた大学時代の友人たちは、首をひねっていた。「安倍君は学生時代とは別人になった感じがする」と一様に驚き、うち1人は、こう話したものだった。

「大学時代の安倍君は確かにおじいちゃんの岸さんの影響は強かったが、核武装とか、そんなタカ派的な言葉は聞いたことがなかった。大体が、大学では日本政治史や政治思想史の授業もあったのに、安倍君が出席して勉強に力を入れていた記憶はありませんからね。それが今や核武装できるようなことを言い出し、問題になると弁解してしまった。大学時代の恩師も、『あとで弁解するくらいなら、政治家としてキチンと考えてから発言すべきだった』と心配されていた。

以前、同窓の集まりがあったとき、彼から、自民党の若手議員たちと勉強会を開いていて、朝7時から朝食を食べながら講師を呼んで『日本の将来はどうあるべきか』を議論していると聞いた。本当に勉強して身についた思想なら批判されてもちゃんと反論ができるが、勉強会の講師から聞きかじった話を要領よくかいつまんで、右へ、右へと傾斜していったのではないかな。これで大丈夫かなと見ている」

ところが永田町というのは国民感覚とはずいぶん違うもので、この発言を機に、安倍は仲間のタカ派議員たちから「若手タカ派の旗手」「タカ派の貴公子」とみられるようになっていくのである。安倍を担いだのが、「お友達」と呼ばれるタカ派議員集団である。これといって実績も得意分野もなかった安倍が、「これだ!」と考えたのは当然だった。

小泉訪朝――めぐってきたチャンス

官房副長官時代の終盤、「官邸に安倍あり」と評価を高める場面がやってきた。

2002年9月17日の小泉電撃訪朝である。

訪朝までには安倍と外務省アジア大洋州局長・田中均、その後ろ楯である官房長官・福田との駆け引きが展開されたが、それは後章に譲り、まずは小泉政権時代の日朝交渉と安倍の足跡をざっと振り返っておきたい。

安倍は小泉に同行し、政府専用機で平壌に向かった。

9月17日午前10時すぎ、平壌の「百花園迎賓館」。30分後の総書記・金正日との首脳会談を控えた小泉のもとに、青ざめた顔をした田中が入ってきた。北朝鮮側から手渡された拉致被害者の安否リストを手にしていた。

〈8人死亡、生存5人、該当者なし1人〉

被害者全員の安否の確認と、拉致を認めたうえでの北朝鮮側の謝罪を引き出すことを譲れない一線として乗り込んでいた小泉や安倍にとって、まったく予期していなかった内容だった。

「大変なことになったなあ……」

リストを見た途端、小泉は絶句した。

「死亡だなんて、こんな馬鹿なことはない。会談で金総書記に厳しく抗議してください」

沈痛な空気を破って、安倍は小泉に強い口調でそう求めた。小泉は会談冒頭、安倍の言葉通りにした。

午後0時すぎ、1回目の会談は終わった。

昼食のテーブルには、安倍が日本で用意させて持ってきたおにぎりが並んだ。ショックを引きずる小泉は手を付けようとせず、「日朝平壌宣言」に調印し暗礁に乗り上げている国交正常化交渉を再開すべきかどうか目をつぶって考え込んでいた。また、安倍が迫った。

「(午後の会談で)謝罪がないなら調印は考え直したほうがいい。このままなら帰国すべきです」

「そうだな」と返した小泉は、決裂も辞さずの腹を固める。

午後2時すぎ、会談が再開された。いきなり金正日が「拉致は遺憾なことで、お詫びしたい」と表明した。「北朝鮮では賓客の部屋に隠しマイクがあるというのは常識」(自民党拉致議連幹部)であり、控室での小泉と安倍のやりとりを知った総書記が「決裂回避のため謝罪を決断した」(同)との見方は否定できまい。もちろん、小泉も盗聴されていることは承知のうえで、強硬派の安倍に自由に発言させていたと推察できる。

2回目の首脳会談では小泉が席を立つ場面もなく、日朝共同宣言は調印された。しかし、その文面には「拉致」の2文字はなかった。何よりも8人死亡という予想外の情報は、「歴史的な日朝首脳会談の成果を帳消しにした」(拉致議連幹部)も同然だった。

同日の深夜、羽田空港に着いた小泉は、出迎えた福田に向かって「拉致があんな結果になって……」と言ったきり言葉が続かなかった。

病死、一酸化炭素中毒死、交通事故死、海水浴場で溺死――取って付けたような何の裏付けもない死因が載った安否調査結果報告書が明るみに出るや、拉致被害者家族は怒りを爆発させた。しかも東京・麻布の外務省飯倉公館で「福田官房長官から順番に、『○○さん、事故死』『××さん、溺死』と機械的な口調で通告された」（拉致被害者家族）とあっては、被害者だけでなく国民の納得も得られない。

「8人死亡で、拉致の文字もない宣言になぜ署名したのか」

小泉に対する世論の評価も、この1回目の訪朝時は散々だった。

一方、日朝交渉の検証報道で、安倍が現地で「謝罪がなければ帰国すべき」と小泉に迫ったことなどが報じられると、小泉とは対照的に北朝鮮相手のタフネゴシエーターとして安倍の評価が高まっていく。「タカ派は口だけでいい」とは政界で使われる悪口だが、「強い態度に出た」というだけで外交失敗が人気上昇につながってしまうのだから、この手法を安倍が後々まで変えないのも、むべなるかな。

ところが、安倍自身は北朝鮮での首脳会談の結果に大きく動揺していた。

「拉致被害者の顔が浮かび、震える気持ちでリストを見た」と後に語った安倍は、帰国した夜、一睡もできなかったという。「被害者家族にどう罵倒されようと、やっぱり一刻も早く会って政府の至らなさを率直に詫びるしかない」と考えたというから、多少脚色があったとしても、少なくとも〝これは失敗した。まずいぞ〟と感じていたのは本当だろう。眠れぬ夜を過ごした安倍は、翌日朝9時すぎ、自宅から被害者家族の宿舎である東京・芝の三田会館に直行した。

「思いもかけないことで大変残念な結果になり、申し訳ない気持ちでいっぱいです」

深く頭を下げた。この安倍の率直な行動は、怒りに燃える拉致被害者家族の心をとらえた。「安倍さんは信頼できる」と評価を集めた。

そして2年後の2回目の小泉訪朝（2004年5月22日）を経て地村保志さん、浜本富貴恵さん夫妻、蓮池薫さん、奥土祐木子さん夫妻、曽我ひとみさんの5人の一時帰国が認められると、「約束だから北に帰国させるべきだ」という方針の外務省に対し、安倍は家族会の意向を汲んで「5人を北朝鮮に戻すべきではない」と主張。小泉の決断で、5人が日本に留まることになった。

拉致被害者5人の生還に道を拓いた小泉の外交成果以上に、強硬姿勢を取った安倍が「拉致の安倍」の名声と5人帰国の手柄を独り占めにした。

筆者が横田めぐみさんの両親である滋・早紀江夫妻を神奈川県川崎市内のマンション

に訪ねたのは03年晩秋のことだった。

「本当でしたら（北朝鮮から帰国後）小泉さんが会ってくださるのが筋だと思いました。でも安倍さんがすぐに朝来てくださった。あのときは本当に嬉しかった」と言いながら、早紀江さんは続けた。

「安倍さんの現地での『帰りましょう』発言を聞いて、本当に拉致被害者や家族のことを考えてくれているのだなと認識を新たにしました。大事なところで一生懸命やってくださることが、私たちのために頑張ってくださっていると思えますから、安倍さんのそうしたことの積み重ねがみんなの信頼感になるのではないかと思います」

滋さんも言う。

「結果が出ないとき、今までだったら『（政府は）何もやっていない』という声が家族から出たが、安倍さんが前面に出てからは家族の間には訪朝時の言動にしても『よくやってくれた』とする感じがあった。安倍さんの人柄で政府に対する信頼感が生まれたということではありますね」

認定拉致被害者・有本恵子さんの母・嘉代子さんの話も聞いた。

「朝来たとき第一声で安倍さんは『秘書の時代から消息を調べ続けてきた方々が向こうで亡くなっていると聞いて、本当に残念に思いました』と言ってくれました。安倍さんの人柄、情を感じました。安倍先生だけやね、信頼できるのは」

脇から父の明弘さんも言い添えた。

「我々家族は安倍さんが孤軍奮闘していると見ている。信頼できるからこそ、そういう目で見るんや」

当時、家族会の安倍に対する信頼は絶大だった。

その後、拉致被害者を北朝鮮に返さなかった小泉政権の対応に「約束違反」と反発した北朝鮮側は日朝平壌宣言を事実上反故にして、「核兵器保有」を公式に宣言（05年）し、弾道ミサイル発射実験（06年7月）、さらに安倍政権になると「地下核実験」（06年10月）へとエスカレートしていく。

日朝交渉は行き詰まったが、小泉は北との外交に早々と見切りをつけ、国民の目を別の方向に転じさせる戦略に出た。この辺の政治勘では小泉は天才的な閃きを持っている。拉致問題で「岸・安倍家のお坊ちゃん」から一躍、全国区の人気者となった安倍を政権浮揚と04年の参院選に利用したのである。大臣経験がないまま自民党幹事長に大抜擢したのは明らかに政治的打算だった。

安倍は「拉致」ひとつで首相に上り詰めるチャンスを得た。

第五章

速すぎた出世のエスカレーター

「大逆転」の自民党幹事長就任

自民党社会部会長時代、介護保険制度の導入で「出世の登竜門」をくぐり抜けることができなかった安倍だが、２００３年９月21日、49歳の誕生日に予期せぬ大役がめぐってくる。拉致問題で名を上げたことで、官房副長官から一足跳びに自民党幹事長に大抜擢されたのだ。当選わずか３回、初当選から10年目で、まだ閣僚経験もなかった。

幹事長は総裁に次ぐ自民党ナンバー２のポストだ。１９５５年の保守合同で自民党が誕生して以来、初代の祖父・岸信介から安倍で31人目（延べ37人）となる歴代幹事長からは、岸をはじめ三木武夫、福田赳夫、田中角栄、中曽根康弘、大平正芳、竹下登、橋本龍太郎、小渕恵三、森喜朗の10人（就任順）が自民党総裁＝首相に上り詰めている。

幹事長ポストは、まさに権力の階段を駆け上がる最後の大関門なのだ。しかも、自民党政権下では総裁は総理大臣として政府を担うため、党務のすべては留守居役の幹事長が取り仕切る。自民党のキャリア・アップシステムからいえば、出世が早い議員でも、当選５回ほどでまずは内閣府の担当大臣など〝軽量級〟とされる閣僚として初入閣し、２回目の入閣で「省持ち」といわれる大臣を務め、さらに財務大臣、外務大臣といった重要閣僚や党３役のうちでも幹事長より格が落ちる政調会長や総務会長を経験してようやく「幹事長の資格」を得るとされる。

父の晋太郎が幹事長になって「次期首相の最右翼」に就いたのは、当選11回（落選1回を挟む）を重ねた63歳のときだったことと比べても、「安倍幹事長」が、いかに異例な人事だったかがわかる。いわば「4階級特進」だった。

ちなみに49歳での幹事長就任は、47歳の最年少記録を持つ田中角栄、同じく47歳で就任した小沢一郎に次ぐ歴代3番目の若さだったが、田中は佐藤栄作政権の幹事長に就くまでに、当選8回で郵政大臣、政調会長、大蔵大臣を3期務めた実力者であり、前述のように「まだ幹事長には若い」と言われた小沢でさえ、海部俊樹内閣の幹事長就任時には議員20年目で当選7回、すでに自治大臣と「重要閣僚に相当するポスト」とされる衆院議院運営委員長を歴任していた。安倍は田中や小沢と若さという共通項はあっても、永田町での実績は格段の差があり、「重み」が違っていた。要するに、田中や小沢のように非凡な能力を買われての抜擢というより、首相・小泉純一郎が得意とした国民受けパフォーマンスの色合いの濃い人事だった。

むろん、安倍自身も「係長がいきなり社長になったような途方もないこと」と語ったように、幹事長ポストの重みは十分に感じていた。そんなに早く幹事長に起用されるとは夢想だにしていなかっただろう。現実に当選3回生の順当なポストである「副幹事長」

説が取り沙汰され、筆者の取材では本人もそう思っていた節がある。

筆者はサプライズ人事の10日後、東京・渋谷区富ヶ谷にある安倍の私邸に母・洋子を取材するため訪ねた。

安倍家の私邸は晋太郎の死後、1戸200㎡ほどの居宅が6戸ある3階建てのマンションに建て替えられ、2階が晋三夫妻、3階は母・洋子の居宅、1階には当時英国三菱商事生活産業部長としてロンドン赴任中の兄・寛信一家が帰国後住むことになっていた。残る3戸は外国人らに賃貸していた。

洋子の居宅の30畳ほどあるリビングに通された。エレベーターから続く6畳ほどの広い玄関にもリビングにも「幹事長就任祝い」に贈られた胡蝶蘭があふれていた。

晋三が父の晋太郎より14歳も若く幹事長に就任したことに話題を向けると、洋子は、「あまりにも大役だし、ちょっと心配はあります」と息子の出世を喜びながらも母としての不安を口にした。そして、こう明かした。

「(晋三は改造人事で)『党の仕事をすることになるから少し党務を勉強しなくちゃ』とか何とか言っていました。まあ、副がつくところ(副幹事長)だとか。だから幹事長と聞いて、『本当なの?』とびっくりしました。それで(晋太郎の)仏壇に報告して、その日はバタバタして、晋三が戻ってきたのは夜11時頃だったかしら。ちょうど誕生日だったから、この部屋でバースデーケーキをいただいてワインで乾杯しました」

「選挙だけだと思ってやればいい」

母・洋子のみならず誰もが驚いた人事の裏には、小泉の選挙戦略が深く絡んでいた。不人気だった森喜朗内閣（政権末期には内閣支持率が1桁に落ち込んだ）の後を継いだ小泉内閣は滑り出しこそ70％超の高支持率を得ていたが、当時の自民党の国会勢力は、衆院がようやく過半数の２４７議席、参院は過半数を割り込み、公明党・保守党との連立で政権を保っている状態だった。しかも、頼みの支持率は政権の看板だった田中真紀子の外相更迭で一気に30％台へと落ち込んだ。

そうした政権の窮地に電撃訪朝（02年9月）で支持率がV字回復したのである。選挙に関する嗅覚は類まれなものを持つ小泉は、この機を逃さず解散・総選挙に打って出て政権基盤の強化をはかる戦略を胸に秘めていた。翌04年の夏には参院選も控えていた。

衆参選挙乗り切りのためには真紀子に代わる政権の看板と、女性スキャンダルを抱える盟友の幹事長・山崎拓の交代が必要だった。白羽の矢が立ったのが拉致で売り出した安倍だったというわけだ。
しかし、当の安倍は副幹事長として党務や閥務の裏方を務め、「雑巾掛け」と呼ばれる修業をするつもりだっただけに、抜擢人事に喜びより不安のほうがはるかに大きかった。拉致問題での強硬姿勢が安倍人気を全国区に押し上げたとはいえ、それ以外、目に見える政治的、政策的な実績があるわけではなかった。「狸とキツネが化かし合う動物園」(亀井静香)さながらの永田町の駆け引きに自分から飛び込む運命に、言いようのない大きな不安が頭をもたげた。事実、安倍は幹事長就任をためらっている。
幹事長就任のドキュメントを筆者の取材メモから再現してみる。少し時計を戻す。
党3役人事より少し前、安倍は所属する森派会長で前首相の森喜朗と、こんな会話を交わしていた。
森「今度の人事だが、君は副幹事長ということでいいね」
安倍「結構です。ただ1つお願いがあります。私を本部長に党の拉致問題対策本部を設置することを認めてもらいたいのです」
森「わかった。総理にも言っておく」
首相官邸で森―小泉と2代の首相に3年余の間、官房副長官として仕えた安倍は、すでに自分でも官邸を出る潮時だと感じていた。今度は党務で汗をかくことになるだろうと、人事に思いをはせていた。そこへ、政界での親代わりである森から副幹事長への転身話が持ち込まれたのだ。渡りに船だった。

拉致問題に言及したのは、これが自分の唯一のアピールポイントだとわかっていたからだ。安倍には不安があった。当時の外務省には北朝鮮融和派が多かった。自分が官邸を離れると、拉致被害者家族や関係者に不安と動揺を与えるのみならず、北に対する「コワモテ路線」が転換されるのではないか――安倍が懸念したのは、この点だ。

「拉致問題対策本部」の設置が了解されれば副幹事長ポストに何の異存もなかった。9月中旬、母校・成蹊大学の同窓生48人と東京・紀尾井町の赤坂プリンスホテルで会食した席では、学友から「今度の人事では何になるのか」と聞かれ、「党に戻りたいと思っている。副幹事長だろうね」と口にしていた。

それが人事劇の幕が上がると「話が違う」展開になった。

まさかの「幹事長就任」を最初に安倍に伝えたのは、他ならぬ森だった。

その日（9月21日）は安倍の誕生日だったわけだが、妻の昭恵は選挙区の下関に帰っていて不在だった。午前11時頃、いつもよりゆっくり身支度を整えた安倍は、朝食代わりにジュースと果物を取りに階上の母の部屋のダイニングへ向かった。階段を上りかけたとき、携帯電話が鳴った。森からだった。

森「たった今、総理から電話があって『安倍君には幹事長をやってもらう。私が電話をする前に、森さんから安倍君に話をしておいてもらいたい。断わらせないように（安倍を）説得してほしい』と言ってきた」

安倍「本当なんですか！」

森「政治家というのは、こういうときは受けるものだ。断われば、もう次のチャンスはないかもしれないんだから」

世間の評価とは少し違い、森という政治家はなかなか老練で人たらしである。父・晋太郎の無念を知る安倍に、その後継者となった森が浪花節で迫る一幕は、なかなかよくできていた。安倍の心は動きかけたが、まだ橋を渡ろうとはしない。

安倍「いや、待ってください。役人は大臣の言うことを聞きますが、国会議員は一国一城の主です。幹事長だからというだけでは、言うことを聞いてはくれません。私のような未熟者が幹事長になっても、党が動かなくなる。ご迷惑をかけることになります」

森「これは天命だ」

さらに念を押した。

森「いま党に必要なことは選挙に勝つことだ。決心したまえ。総理から電話がかかってきたら受けなさい。選挙だけだと思ってやればいい。それが使命なんだから。『安倍君は受けた』と総理に報告するから、いいね」

電話が切れた途端、安倍は両肩にいくつもの砂袋を背負わされたような重圧を感じ、体が重くなったという。再び階段を上り始めると、間髪を容れず小泉から電話が入った。

「森さんから話がいっていると思うけど、ぜひ幹事長を受けてもらいたい。選挙だけだと思ってやればいい」

小泉は森と同じ言葉を口にした。この人事は、前職・現職の総理であり派閥のツートップでもある2人が相当練り上げたものであることは明白だった。安倍は覚悟を決めるしかなかった。

岸と晋太郎の「遺産」

選挙だけ、と語った森と小泉は、安倍に幹事長としての手腕を期待したわけではなかった。集票対策、いわゆる「人寄せパンダ」として安倍の「人気」を買ったということだ。そこは安倍自身もわきまえていたとはいえ、周囲の目はやはり厳しい。安倍は晴れがましい気持ちにはなれなかった。

森とて安倍が苦しい立場に追い込まれかねないことを重々承知していた。森は自民党が野党に転落（93年）した際と、小渕恵三政権下（98年7月～00年4月）で幹事長を経験している。その重さ、過酷さを「嫌というほど身をもって経験」（本人談）していた。若い安倍が重圧に潰されてもおかしくはないと感じていた。実は森は、小泉に安倍幹事長構想を聞かされたときから、安倍をいつまでも幹事長ポストに置く考えはなかった。（総選挙と参院選をしのいだ段階で幹事長を退かせて〝得点〟だけ残す。晋三の将来には、そのほうが間違いなく得策だ）

森が「選挙だけだと思え」と言って口説いた裏には、そういう考えがあった。事実、森は幹事長人事からそう日をおかずに腹心の国対委員長・中川秀直を通じて小泉に強くクギを刺している。

「安倍君の使い捨てだけは絶対にしないでもらいたい」

小泉の性格をよく知る森は、ピンチに立たされた安倍が泥まみれになって小泉からポイ捨てされる事態を強く警戒していた。田中真紀子の例もあった。

森がそこまで安倍に肩入れしたのは、世話になった安倍の祖父・岸と父・晋太郎に対する思い入れと、果たさなければならない義理があったからだ。

森が国政選挙に初出馬したのは佐藤栄作政権下で行なわれた１９６９年の第32回総選

挙だったが、時の幹事長・田中角栄から泡沫候補扱いされて自民党の公認が得られず、無所属で孤立無援の戦いを強いられた。そんな初陣で、吹雪の中を汽車で応援に駆けつけてくれたのが岸だった。当時の岸は自主憲法制定国民会議会長に就任するなど、なお政財界に隠然たる力を維持していた。

「岸さんが森さんの応援に来た」

効果てきめんだった。有権者はもちろん、森も「元首相に恥をかかすわけにはいかない」と必死に駆けずり回り、誰も予想しなかったトップ当選を果たした。

当選後、森は自民党入りが認められ、岸派の流れを汲む福田派（清和会）に所属。そして清和会会長を継いだ安倍の父・晋太郎の下で塩川正十郎、三塚博、加藤六月と並んで「安倍派四天王」と呼ばれるまでになる。

その晋太郎が総理・総裁の座を目前に死の床についたとき、

「森君、こんなになってしまっては政治家はどうしようもないな。晋三に夢をつなげという天の声だな。頼むよ」

そう言い残した言葉が森の頭から離れなかった。

もちろん、政治は義理人情だけでは動いてはいないし、動かせもしない。

派閥領袖である森は、派内に有力な「将来の総理・総裁候補」を抱えていることがキングメーカーとしての自分の政界での力を強めることをよくわかっている。森派は当時、2人の政界サラブレッドを抱えていた。清和会の創立者である元首相・福田赳夫の息子で、小泉内閣で官房長官を務めた福田康夫と、「岸の孫で晋太郎の息子」の安倍である。

「小泉の次は年長の福田、その次が安倍」

森は派内で半ば公然と語っていた。初出馬にあたってジバン、カンバン、カバン（資金）の「三バン」を父から引き継いだ安倍は、49歳での幹事長就任という「総理・総裁へのパスポート」もまた祖父や父の政治的遺産として手に入れたのである。

試練と挫折

だが、フレッシュな人材起用で集票を狙った森と小泉の選挙戦略は失敗した。

幹事長になって2か月後、安倍が「選挙の顔」として初めて指揮を執った2003年11月の第43回総選挙で自民党は237議席と10議席減らし、過半数を割り込む惨敗を喫した。連立与党で過半数を確保したものの、野党第一党の民主党に177議席の大躍進を許す羽目になった。

期待された選挙で結果を出せず、さらに党務でも森の心配が的中する。

総選挙後、小泉政権は大きな政治決断を迫られた。イラク戦争後の現地の治安維持と復興支援を名目にした自衛隊のイラク派遣である。派遣の根拠となるイラク特措法は安倍が幹事長就任前の同年7月に成立していたが、実際に派遣する際には国会承認が義務づけられていた。

党の扇の要に座る幹事長の主要任務の1つは、重要案件が生じたとき、党内が一糸乱れず事に当たる態勢を整えることにある。ましてや戦後初めて自衛隊の陸海空部隊を海外に派遣するという「歴史的な一歩を踏み出すことになる」（安倍）決断で党内に乱れがあっては幹事長の統治能力が問われる。

幹事長が軽量級だったことだけが原因とはいえないが、自民党内では「造反」の動きが表面化し、安倍は火消しに追われる。造反組の背後では、ハト派が多い宏池会出身の元幹事長・加藤紘一、同じく元幹事長・古賀誠、さらには元政調会長・亀井静香という3人の大物ベテラン議員が睨みを利かせていた。イニシャルを取って「3K」と呼ばれた3人は、年齢、当選回数はもとより党役員・閣僚歴など政治のキャリアでも安倍とは大きな差があった。

ちょうどその時期、筆者は取材で安倍に会った。寝不足気味の顔を見て、つい「眠い？」

と尋ねた。

「ええ、幹事長になってから寝る時間が減りました。やっぱり考えごとをしますから。ここでは、いろいろとありますからね。官房副長官時代もそれなりに緊張感はありましたが……」

疲労の色は隠しようもなかった。

いよいよ自衛隊派遣承認案の採決が迫ると、安倍は腫れ物にさわるように恐る恐る3Kに「賛成のお願い」に出向いた。

加藤には「幹事長や防衛庁長官もおやりになったお立場で大変影響力があります。そこをよく考えて協力を」と腰を低くした。古賀には「非常に重い案件です。与党一丸となって自衛隊を送り出さなくてはいけないと考えます。協力を是非お願いします」と頼み込んだ。亀井にも「なんとか協力を」と頭を下げた。

しかし、3Kは「当選4回で陣笠に毛の生えたような幹事長」（党幹部）にすぎない安倍を相手にもしなかった。

加藤「私はブッシュのイラクの戦いや大量破壊兵器に関する説明にかねがね疑念を持っている。やはり自衛隊派遣は反対だ」

古賀「私にも今まで歩いてきた歴史がある。そこを踏まえて政治家として信念と良心で決めることですから」

亀井「これは政治家としての信念だ。処分するならしたらいい。打ち首、獄門何でもどうぞだ」

04年1月31日未明、派遣承認案を採決する衆院本会議で亀井は欠席、加藤と古賀は採決前に本会議場を出て棄権、3Kは反対姿勢を貫き通した。

安倍は幹事長としての面子を潰された格好になった。

なおも試練は続いた。3Kの処分問題である。承認案は国会で成立したものの、自民党内には「公明党への手前、3人にペナルティなしというわけにはいかない。ケジメが必要」という声が強まった。連立相手の公明党は、党内に慎重論が強かったにもかかわらず、採決では自民党の顔を立てて一致して賛成に回っていた。これで自民党は造反にお咎めなしでは連立が保てないというわけだ。

首相の小泉は、「幹事長に一任してある。よく判断してくれるでしょう」とボールを安倍に投げた。このあたりが小泉らしいし、森が心配だった点である。安倍に逃げは許されなかった。3Kはいずれも派閥領袖クラスの大物であり、厳しい処分は党内の大きな混乱を招きかねないが、やらなければ幹事長失格の烙印をおされる。

造反から約2週間後、安倍は3Kに電話を入れ、「戒告」処分を伝えた。党則では「勧告」に次ぐ軽い処分だ。新幹事長のお手並み拝見と高みの見物を決め込んでいたベテラン議員からは、「軽量幹事長だからまあ、こんなものだろう」と冷ややかな声があがった。

安倍は自らの力のなさに、唇をかむしかなかった。

参院選敗北と幹事長更迭

安倍に待ったなしの真価が問われるときがやってきた。2004年7月の参院選だ。前年の総選挙は負けたとはいえ、幹事長就任わずか2か月であり、「看板」としては期待外れだったものの、「選挙の司令塔」として責任を問われたわけではない。しかし、今度は違う。参院選は安倍が幹事長として準備段階から指揮を執っていた。

「6年前に自民党が大敗して44まで議席を減らした。その後7人が合流して今は51人になっている。この現有議席をなんとしても確保するのが我々の大きな使命だ」（04年2月6日、京都市内での講演）

勝敗ラインを公言していた安倍は、惨敗するといよいよ幹事長失格、引責辞任まで覚悟しなくてはならない立場だった。

安倍は当時、筆者に熱く語った。

「いま私のやるべき仕事の最優先は、参院選に勝つ、これしかありません。そのためにはどうすればいいか、当然、戦術とかテクニックの問題などいろいろありますが、2004年の自民党のバックボーンをしっかりと構築することです。もう組織だけに頼った選挙では駄目なんです。総選挙で大きな政党になった民主党の挑戦を今度初めて受けることになります。これを跳ね返すには、強靭さを持たなければなりません。

何かといえば、やっぱり多くの国民に共感してもらえる自民党の理念です。自民党が描く国家像、そういう国で生きたいというものをしっかりと示す必要があります」

安倍は、自らが委員長となって「党改革検証・推進委員会」を立ち上げて国政選挙に候補者公募制を導入する。4月の統一補選の埼玉8区の候補者選びでは、候補者募集のメッセージ・ビデオに出演するなど安倍は参院選に全力で臨んだ。

しかし、年金改革による国民の負担増と、有力政治家の年金未納問題で自民党は逆風下の選挙戦を強いられた。結果、自民党49議席、民主党50議席と逆転された。目標に掲げた「現有51議席の維持」は果たせなかった。

安倍は辞意を漏らした。かねて「参院選後には人事を断行すべきだ。安倍君を幹事長から退かせたい」と語っていた森も同意する。

小泉は参院選敗北後の9月の内閣改造・党人事で「偉大なるイエスマン」を自任する武部勤を後任幹事長に起用し、安倍は更迭された。参院選の逆転結果からすれば、安倍に謹慎蟄居処分があってもおかしくなかったが、「幹事長代理」への一階級降格で済まされた。「森派のプリンス」である安倍を傷つけたくないという森が水面下で動いたという受け止め方が党内では多かった。

そして安倍の幹事長代理時代、政界では〝歴史的事件〟が起きた。2005年8月の小泉郵政解散だ。

「郵政3事業の民営化」を掲げた小泉は郵政民営化法案が自民党からの大量造反によって衆院本会議で否決されるや、まさかの解散・総選挙に踏み切る。造反議員を「抵抗勢力」と呼んで離党に追い込み、選挙区に刺客候補を立てて「構造改革」をアピールするという異例の劇場型選挙戦は、民主党の致命的な戦略ミスにも助けられて大当たりし、自民党は296議席という大勝利を挙げた。

安倍は小泉郵政劇場で、ほとんど蚊帳の外にいた。そもそも郵政解散は大義名分とした国家の構造改革推進のためというより、小泉が党内のヘゲモニーを握るために仕掛けた造反組との権力闘争の面が強かった。自民党の伝統的な支持基盤である特定郵便局長会の支持を得て当選してきた安倍は、実際には小泉の郵政民営化に懐疑的で、周辺に「小泉さんはどうしてあんなに郵政民営化と言うんだろう」と疑問を口にしていた。

小泉本人に疑問をぶつけて叱責されたこともあるという。森派（当時）のベテラン議員によると、安倍が小泉に「どうして民営化が必要なのですか」と尋ねると、小泉は険しい声で言い放ったのだという。

「お前は黙っていろ！」

その剣幕に驚いた安倍は「これは政策論ではない。総理に逆らったら大変なことになると感じて従うことにした」（同）のだとみられている。

郵政国会では、安倍と親しい議員仲間の衛藤晟一、古屋圭司、城内実らが民営化反対に回った。お友達の造反行動に待ったをかけようとした安倍は、採決の直前、本会議場で同じ森派の後輩で選挙に肩入れして当選させた元祖「安倍チルドレン」の城内に反対票を投じないようギリギリまで説得を試みたが、城内は造反、総選挙で刺客を立てられて落選の憂き目に遭う。

安倍は小泉の選挙圧勝にあっけにとられ、そして傷ついた側の1人でもあった。

それでも小泉に逆らわなかったことが評価された安倍は、総選挙後の内閣改造で官房長官に起用される。小泉は翌06年9月の総裁任期で退陣することを表明しており、安倍に「ポスト小泉」＝後継総理・総裁への道を用意したと受け止められた。

ともあれ、安倍は小泉政権末期の政権運営から多くのことを学んだはずだ。党内の反対勢力に対する徹底した弾圧。国民を熱狂させる劇場型選挙。調整より強行突破――確かにそれらは政治を動かす手法として効果的ではあるが、小泉とて長期政権の最後だからできた芸当でもあった。そして、力ずくの政治は必ず歪みを生じ、そこから政権がほころびていくことも、小泉政権以後の自民党の崩壊を見れば明らかである。

福田との遺恨

長期政権を誇った小泉の総裁任期が1年を切ると、自民党内ではポスト小泉の総裁選に向けた駆け引きが活発になった。

小泉側近の幹事長・武部をはじめ、郵政選挙で大量に当選した「小泉チルドレン」の多くは小泉の後継者として安倍を神輿に担ごうと走りだしたが、後見人の森は「安倍はまだ早い」と首をタテに振らなかった。

安倍の強力なライバルだったのが同じ森派の先輩、福田康夫だ。

森の頭には、前述のように「小泉の次は福田、その次が安倍」という派内の後継序列の絵図面が描かれていた。その裏には、親心だけではない清和会という派閥の歴史と事情があった。

自民党の派閥政治の中心になってきたのは「三角大福中」と呼ばれた5人の実力者が率いた5大派閥だ。田中角栄の田中派（木曜クラブ）、福田赳夫の福田派（清和会）、大平正芳の大平派（宏池会）、中曽根康弘の中曽根派（政策科学研究所）、三木武夫の三木派（番町政策研究所）である。

そのうち森や小泉が所属した清和会は岸派（十日会）を源流として福田が創設し、安倍の父・晋太郎が継ぎ（安倍派）、その後、三塚派→森派→町村派→細田派と続いていく。しかし、田中派との「角福戦争」に敗北して以来、清和会は晋太郎が総理・総裁を目前に世を去ったこともあって、竹下派（旧田中派）全盛の党内で長く不遇をかこち、創設者の福田赳夫が首相を退陣（1978年）した後、タナボタのように誕生した森内閣（2000年）まで22年間も総理・総裁を出せなかった。

それだけに森は、清和会支配を盤石にすることに異様なまでの執念を燃やした。これも予想外に誕生した小泉政権によって清和会政権が2代続くと、その小泉としっかりと気脈を通じて2人のプリンス、福田と安倍に順番に政権を引き継がせる戦略をめぐらせたのである。

福田は90年の総選挙で初当選し、当選回数では安倍の1期上だが、父・福田赳夫が85歳まで議員を務めたこともあって地盤を継いで議員になったのが54歳と遅く、安倍より18歳も年長だ。サラリーマン時代は丸善石油で課長まで務めており、入社3年で神戸製鋼所を退職した安倍より社会人経験も豊富だった。

政界入り後、福田は森—小泉政権を通じて3年半にわたって官房長官を務め、常に安倍の上司の立場にあった。しかし、政治的には親中国派でハト派の福田と、岸たらんとタカ派の言動を際立たせていた安倍は全くそりが合わず、閣内でも軋轢《あつれき》があった。安倍は常に福田に頭を抑えられた状態に不満を感じていたに違いない。

ちなみに安倍の父・晋太郎も、福田の父・赳夫に複雑な思いがあった。赳夫は首相を退いた後8年も派閥会長に留まり、なかなかその座を譲ろうとしなかったことで、晋太郎は「部屋住み」と陰口を叩かれ、ライバルの竹下や宮沢に出遅れたという思いを抱いていた。父子2代の微妙な関係にあったといえる。

一見クールに見える福田は「瞬間湯沸かし器」と揶揄されるほど、すぐ癇癪《かんしゃく》玉を破裂させることは知る人ぞ知る話。安倍も「何かにつけ癇癪を起こす福田さんにどうしてもなじめなかったようだ。そりが合わない印象はあった」とは両者の関係を知る当時の森派議員の証言である。小泉官邸内では、福田、安倍両者が、お互いに「こいつは」「この人は」と良からぬ感情をため込む出来事もあった。

晋三と康夫の最初の確執は、台湾の元総統・李登輝の来日をめぐって起きた。

森内閣の官房長官として福田が官邸入りしたのは、前任者の中川秀直が女性スキャンダルで辞任した2000年だった。この頃、台湾元総統・李登輝の入国問題が持ち上がっていた。同年10月末に開催された日台関係やアジア安全保障問題を話し合う「アジア・オープン・フォーラム」第12回会議に出席するため入国したいと伝えてきたのだ。

これに対し、中国との関係を重視する外務省が「親中国派の福田と組んで入国阻止で動いた」（政界関係者）。結果、査証発給に待ったがかかり、入国は見送られた。

翌01年春、李登輝は今度は「心臓病の治療」を理由に入国を求めてきた。政府内は再び親中国、親台湾両派議員が外務省の役人を巻き込んで大きく揺れる。

安倍は当時の首相・森喜朗が「入れてもいいじゃないか」と入国容認の意向を示したこともあって入国実現に動くが、「査証発給の最後まで最も強く反対したのが福田だった」（自民党幹部）。つまり、正副官房長官が真逆の主張をする事態に陥ったわけだ。

最終的には「病気治療」という人道的理由から査証は発給されたものの、親中派として知られる福田は安倍の〝造反〟を苦々しく見ていたはずだ。それは単なる路線対立ではなく、「対中関係がこじれれば安倍に修復する力も戦略もあるはずがなく、結局自分が尻ぬぐいの苦労を負わされるという思いがあった」（親中国派議員）からでもあった。福田が「波風が立つこと、立てること、立てられることを極端に嫌うタイプ」（森派幹部）であれば、なおさら安倍の動きに不快感を抱いたとしても不思議ではない。

一方の安倍からすれば、自分は官房副長官として総理の意向に沿って動いているのに、福田こそ分をわきまえて行動しろ——となる。

安倍周辺の1人は、当時安倍が「李登輝入国問題以来、福田さんはことごとく僕のやることを邪魔して、何か言っても聞く耳を持たなくなった。僕を『格下の若造が』と見ているんだろうな」と漏らしていたのを聞いている。

双方の意識のずれから芽生えた感情のしこりが、小泉政権下では拉致問題をめぐって表面化していくことになる。

「指をくわえていれば、福田に政治家として殺される」

安倍が一躍脚光を浴びることになる小泉の第1次訪朝（02年9月）。実際には、安倍のあずかり知らぬところで、すべて準備され進められたものだった。訪朝日程発表（8

月30日）の直前まで、安倍は極秘プロジェクトに関わらせてもらえなかった。
「僕は完全に情報から遮断されていた。新聞なんかでも『安倍官房副長官は直前になって知らされた』となっていたが、その通りだ」

安倍自身も電撃訪朝後しばらく経ってから、そう周辺に漏らしている。

日朝首脳会談の影の立役者として小泉訪朝を根回ししたのは外務省アジア大洋州局長の田中均だ。田中は金正日の側近と極秘に接触を重ねて首脳会談をセッティングしたが、官邸でその外務省をバックアップしていたのは官房長官の福田だった。

当時の外務省は、機密費疑惑で外相・田中真紀子が事務方とことごとく対立して機能不全に陥っていた。外務官僚が外相を無視する異常事態に、その官僚たちの相談に乗って差配したのが官房長官の福田であり、福田は「影の外相」と呼ばれるほど省内に強い影響力を持っていた。

首脳会談実現と日朝国交正常化交渉で意を同じくする福田―田中均コンビにとって、「拉致問題の解決なくして国交正常化はあり得ない」と主張する対北朝鮮最強硬派の官房副長官・安倍は「目障りな存在だった」（官邸関係者）。事前に訪朝計画が漏れて強硬派が騒ぎ出し、拉致被害者帰国に条件をつけるようになれば首脳会談の実現そのものが危うくなる――安倍を情報から遠ざけたのはそうした判断があったものと推測される。

ところが、北朝鮮融和派の仕掛けた訪朝に安倍が同行することになり、結果的に安倍の存在を際立たせることになったのだから皮肉である。

拉致問題への対応をめぐる安倍vs福田の確執は訪朝後も尾を引いた。

02年10月、24年ぶりに帰国した曽我ひとみさんら拉致被害者5人の扱いが端的な例だろう。日朝間には5人について「1～2週間で北朝鮮に帰す」との基本合意があったとされる。これに真っ向から異を唱えたのが安倍だった経緯はすでに触れた。

「田中局長は5人を2週間くらい日本に滞在させた後、チャーター便で帰してしまう方針だった。5人を帰さない方向になったとき、田中は色をなして『10日程度の一時帰国というのが北朝鮮との約束だ』と言い張った。それで、こっちも頭にきて『あんたは朝鮮外務省の人間か！』と怒鳴り上げてやったんだ」

安倍は周辺にそう語っている。

この問題で、安倍は福田と直接衝突している。当時を知る官邸関係者の話によると、福田もまた国交正常化交渉の糸口を断ち切らないことを最優先して5人を北に戻す意向だった。安倍が戻さないことで動いていると知った福田は、官房長官室に安倍を呼び込み厳しく叱責する。

「余計なことをするんじゃない！」

「このときの福田の激し方は半端ではなく、机を蹴飛ばしてまでいる。当の安倍は『あれって福田さん、足が痛かっただろうな』とケロッとしていたが」（当時の官邸関係者）

首相の小泉は福田と安倍の暗闘を承知のうえで最終的に安倍に乗った。その結果、小泉と福田の関係にも大きな亀裂が入った。そして福田は自身の年金未納問題が発覚すると、これを奇貨として小泉と安倍にあてつけるように3年半通い詰めた官邸をさっさと去った（08年9月）。後任の官房長官に小泉は安倍を就けた。

しかし、これでポスト小泉の総裁レースが決着したわけではない。いくら小泉の支持があるとはいえ、安倍は幹事長時代も実績をあげることができなかった。後見人である森が「安倍はまだ早い」と言ったのは、福田を総理にしたかったからだという解説が広く浸透しているが、安倍がすぐに失敗することを見越した森ならではの政局の読みもあったのだろう。

安倍も迷う。最終的に総裁選出馬を決断させたのは、あるいは福田との確執だったかもしれない。もし、自分が出馬しなければ福田政権ができるという恐怖感が、最後に背中を押した可能性は十分ある。

「指をくわえていれば、こっちが（福田に政治家として）殺される」

安倍は福田との権力闘争を、そんな言い方で周囲に語ったことがある。

「総理の重圧」に耐えられず

ポスト小泉に名前の挙がった麻生太郎、谷垣禎一、福田康夫、安倍晋三の4人の総裁候補は「麻垣康三」と呼ばれた。〝どれも軽量級で、名前に重みがない〟という皮肉を込めた呼び方でもあった。そのうち、森が担ごうとした福田は安倍の総裁選出馬がはっきりすると出馬を固辞し、総裁選は残る3人で争われた。

安倍は議員票、党員票あわせて464票と、全得票の3分の2近い支持で圧勝し、2006年9月26日、父の届かなかった総理・総裁の座に就く。時に52歳。初当選からわずか13年というスピード出世だった。

それればかりではない。小泉が郵政選挙で獲得した衆院327議席（自公合計）という圧倒的な与党勢力まで受け継いだ。「政治は数、数は力、力はカネ」（田中角栄）の伝でいけば、「幹事長も若輩ゆえに失敗した。やはり、ガバナビリティ（統治能力）に不安感があった」（周辺議員）という安倍にとって、数は何よりの力になったはずだ。

総理に就いた安倍は、この第1次内閣を「美しい国づくり内閣」と命名し、「戦後レジームからの脱却」をスローガンに、数の力をバックとして次々とタカ派色の強い政策を実行していく。

「愛国心」を重視すべきという主張から道徳教育を復活させる教育基本法改正を皮切りに、防衛庁を「防衛省」に昇格させる防衛庁設置法改正、そして憲法改正に必要な国民投票の手続きを定めた国民投票法の制定、自衛隊イラク派遣を延長するイラク特措法改正——など国民から強い懸念や反対論があったにもかかわらず、わずか1年足らずの間に次々と成立に持ち込んでいく。そのほとんどが数にまかせた強行採決だった。この経験も第2次内閣の運営に影響を与えたと考えられる。

安倍が学生時代から議論が苦手で、自分が「正しい」と思い込んだことは対立する意見に耳を貸そうとしない性格があったことはすでに書いた。それに加えて、政界入りして以来、拉致問題以外これといった政治的実績がなく、むしろ部会長時代も幹事長時代も、党内で落第点の評価しかなかった安倍は、何とか短期間で実績を挙げようと、権力を頼みに強引に突き進んでいるように見えた。

言い換えれば、自信のなさが安倍をして力ずくの舵取りをさせ、早晩国民から手痛いしっぺ返しを受けるのでは——という予感を感じさせた。

もうひとつ、筆者が当時から懸念していたのは、安倍が患っている潰瘍性大腸炎の病状だった。第1次内閣の突然の崩壊以降、安倍の持病はずいぶん有名になったが、当時、若々しく清新なイメージの安倍に対し、有権者も党内も健康上の不安など感じていなかった。しかし、安倍が議員になる前から、あるいは父や祖父の代から安倍と安倍家を取材していた筆者は、安倍の腹の中に不安な影があることを重要視し、いずれ政権の命取りになるのではと考えていた。

安倍の手記によれば、潰瘍性大腸炎であると明確に診断されたのは、神戸製鋼所加古川工場勤務時代に体調を崩して東京での入院生活を強いられた時だったようだ。

厚労省が不治の病の1つとして難病指定する安倍の持病には、刺激物の摂取や飲酒、そしてストレスが最大の敵である。総理大臣の重圧は余人の想像をはるかに超える。

福田赳夫政権時代に首相官邸詰めだった筆者は、広い首相執務室で福田と2人きりになったことがある。ソファに向かい合って座っていた福田が、やおら天井に右手の人差し指を向けながら、こう言った。

「総理大臣という職務は毎日が重圧との戦いだ。この部屋にただ座っているだけでも、今にも天井がずしんと我が輩の上に落ちてくるような圧迫感を感じるね。それが毎日だから、きついんだ。ストレスだな。でも、我が輩は総理大臣にある限り逃げるわけにはいかない」

飄々《ひょうひょう》として権力臭を感じさせない大蔵官僚上がりの福田は、実際には「角福戦争」と呼ばれた田中角栄との熾烈な権力闘争をくぐり抜けて宰相の座に就いた剛直・剛胆な政治家だった。健康面でも問題を抱えてはいなかった。その福田ですら最高権力者にかかるプレッシャーに毎日さいなまれ、ストレスを感じ、それを誰かに聞いてもらいたかったわけだ。ストレスが大敵の難病持ちである安倍が、世論の見る目も厳しくなるなかで任期を全うできるか、早くから筆者は大いに疑問を持っていたのである。

追い討ちをかけるように、安倍のストレスを高じさせる閣僚のスキャンダルが相次いだ。農業政策をめぐる政界疑惑の渦中にあった農水相の松岡利勝が自殺し、後任の赤城徳彦、特命相の佐田玄一郎らが政治資金スキャンダルで辞任、内閣の重鎮だった防衛相・久間章生も「原爆しょうがない」などの舌禍事件で辞任に追い込まれた。

首相就任時に70％台だった内閣支持率は急落し、翌年の参院選前には30％近く、半分以下にまで落ち込んで、当時の安倍側近の言葉を借りれば、「体調も悪いようで、まるで覇気を感じなくなっていた」という。

安倍に国民の審判の日がやってきた。２００７年7月の参院選だ。力任せの国会運営や閣僚の相次ぐ不祥事などが祟って、安倍自民党は37議席という歴史的大敗を喫する。野党民主党は60議席を獲得し、自公合わせた与党は参院で過半数割れを起こした。その後長く続く「ねじれ国会」の構図はこのときにできあがった。

安倍は退陣せずに総理の座にとどまったものの、もう聞く耳を持たない「安倍流」は通用しなくなった。憲法で衆院の議決優先が定められている「首班指名」と「予算案」、「条約の承認」以外、どんな法案も野党が反対すれば成立させることができない。反対意見を取り入れながら法案や政策を修正し、広くコンセンサスを得て政治を進めるというやり方は議会政治の原則だが、「何でも自分の思う通りに運ばないと気に食わないわがままな性格」（養育係の久保ウメ）の安倍は、反対派の意見を容れて法案を修正し、コンセンサスを得るという政治手法は苦手であり、いっぺんに窮地に陥った。

そこへ持病の潰瘍性大腸炎が火を噴く。

これは久保ウメ一流の表現なのだろうが、「生まれながらに腸が人に比べて3分の1程度しかない」というほど幼少期から消化器系に不安を抱えていた安倍は、小学校時から「お腹を押さえていることが時々あった」（同級生）といい、大学時代の友人も「腸が弱いとかでコンパでも酒はほとんど飲まなかった」と振り返っている。「酒を飲まない彼にいつも車を運転させて飲みに行った」と述懐した神戸製鋼所加古川工場勤務時代の上司も「病気を抱えていて腸の具合が悪いんだ」と聞かされている。

政治家になってからも実は持病に悩まされていた。安倍が同工場勤務時代、父の選挙応援で駆け回って体調を崩し、入院したうえ本社に異動したことは書いたが、地元選挙区の古参後援者は、当選2回目となる96年の総選挙で、安倍が腹痛に耐えながら選挙戦を戦ったことをよく覚えていた。

「晋三さんは30分おきにトイレに行くくらい体調が悪かったけれど、選挙カーに乗ると簡単にトイレには行けない。何時何分にどこに着くという分刻みのスケジュールが組まれて支持者も集めているから、トイレに寄ると時間に大きく遅れてしまうわけです。それは我々も昭恵夫人も同じですが、そのときの晋三さんは本当に体調が悪かったのに、ずっとトイレを我慢していたから非常に心配しました」

この選挙戦の話は、安倍自身、日本消化器病学会の機関誌（「消化器のひろば」2012年秋号）に掲載された、主治医で当時慶応大学医学部教授だった日比紀文との対談でこう明かしている。

〈なぜか2回目（1996年）の選挙のほうで大変つらい思いをしました。たびたび強い便意が起こるのですが、選挙カーからおりるわけにはいかないので脂汗をかいて我慢していました。本当に苦しかったですね。最大の危機は1998年、自民党国会対策副委員長を務めていた時でした。点滴だけの生活が続き、体重は65kgから53kgに減りました。そこで政治家の進退を賭けて慶應病院へ3ヵ月入院しました。政治家は志を遂げるために自分の病気は徹底して秘匿しなければなりません。病気は大きなマイナスです。家内の昭恵は「政治家なんか辞めてください」と涙ながらに訴えるし、身近な人は病気を公表して政界からの引退を勧めましたが、私は治療の結果で決めようと考えていました。腸の全摘手術も検討されました。この時、ペンタサの注腸療法がよく効いて日常生活にほとんど問題がなくなりました〉

その持病が首相としての激務とストレスで暴れ出したのである。

安倍は退陣翌年の「文藝春秋」（2008年2月号）に寄せた手記「わが告白　総理辞任の真相」でこう明かしている。

〈潰瘍性大腸炎は厚生労働省が特定疾患に指定している難病で、いまだに原因は解明されておりません。初めて発症したのは十七歳の頃でした。（中略）自己免疫疾患といって自分の免疫が異物と勘違いして自分の腸の壁を攻撃し、その結果、腸壁が剥落し、潰瘍となり、爛れて出血するのです。腸壁が刺激されるたび、三十分に一度くらいの頻度で便意をもよおします。夜もベッドとトイレの往復で、到底熟睡などできません〉

とくに9月にオーストラリアで開かれたアジア太平洋経済協力会議（ＡＰＥＣ）のあとが深刻だった。安倍自身が語っている。

〈なにしろ食事がまるでとれず、七十キロあった体重は、一カ月で六十三キロまで落ち込みました。食事がとれないと、体力ががっくりと衰え、体に鉛を流し込まれたように重く感じられます。それにともない、気力も萎え、思考能力も鈍ってきます。まともな

判断が徐々に難しい状態になっていたのかもしれません〉（同前）

ついには、９月10日の参議院での所信表明演説で原稿を３行読み飛ばしてしまうというボーンヘッドをやらかす。そしてその２日後、突如記者会見を開いて退陣を表明したのである。安倍は会見で、インド洋での自衛隊艦船の給油活動継続に反対する民主党代表・小沢一郎との党首会談を断わられたことを理由に挙げた。

「本日、小沢党首に党首会談を申し入れ、私の率直な思いと考えを伝えようと、残念ながら党首会談については、実質的に断わられてしまったわけであります。先般、小沢代表は民意を受けていないと、このような批判もしたわけでございますが、大変残念でございました。

今後、このテロとの闘いを継続させるうえにおいて、私はどうすべきか。むしろこれは局面を転換しなければならない。新たな総理の下でテロとの闘いを継続していく、それを目指すべきではないだろうか。

来る国連総会にも新しい総理が行くことが、むしろ局面を変えていくためにはいいのではないか。また、改革を進めていく、その決意で続投し、そして内閣改造を行なったわけでございますが、今の状況で、なかなか国民の支持、信頼のうえにおいて力強く政策を前に進めていくことは困難な状況である。ここは自らがけじめをつけることによって局面を打開しなければいけない、そう判断するに至ったわけでございます」

自らの病気には一切触れないまま、翌日に緊急入院する。

海外メディアは、「プレッシャーに耐え切れなかった」（米国CNN）、「武士道ではない。臆病者だ」（英国フィナンシャルタイムズ）、「安倍氏の問題は自身がトップになったことにある」（南ドイツ新聞）と辛辣だったが、筆者はこのとき安倍の体調が限界だったことが容易に想像できた。

その後、持病の悪化が原因だったと明かされるが、いかにもあとから付けた言い訳のように聞こえたことも否めない。安倍自身は前述の手記でこう書いている。

〈このままの状態で総理大臣としての職責を果たすことができるか、正しい判断ができるか、国会に十分に対応することができるか――我が身を省みるに、誠に残念ながら、それは不可能であると認めざるを得なかった。それが辞任を決断した最大の理由です。あの三行の読み飛ばしは決定的な要因のひとつだったと思います〉

安倍の最初の総理登板は「最初から最後まで実力が伴わない〝お坊ちゃん〟の独り相撲で終わった」（当時のベテラン議員）。

後見役だった森喜朗の「まだ早すぎる」は正鵠を射ていたというべきか。

第六章
そして問われる「要領」と「情」

総裁返り咲きと小泉進次郎の〝造反〟

２０１２年９月26日、総裁選の決戦投票が行なわれていた永田町の自民党本部前ではかつてない現象が見られた。

党本部の正門前の歩道に若い女性を含む２００人近い安倍支持者が集まり、「安倍さん頑張って！」と黄色い声をあげたのだ。当時は民主党政権下で自民党は野党だったが、筆者の政治記者経験からも、与党時代を含めて自民党の総裁選で特定候補の応援団がこれほど派手なパフォーマンスを繰り広げたことは寡聞《かぶん》にして知らない。

自民党総裁選は国会議員票と地方票（当時は党員投票の得票を議員票３００票に換算）の合計で争われる。この年の総裁選には安倍晋三のほか、石破茂、石原伸晃、町村信孝、林芳正の５人が出馬した。１回戦の地方票（党員投票）争いの結果は、安倍が1位の石破にダブルスコアの差をつけられ2位だった。２回戦の国会議員票でも安倍は石原に次ぐ2位に終わった。合計では石破が１９９票で1位、安倍が１４１票で2位だったが、ともに過半数を獲得できなかったことから、勝負は衆参の自民党国会議員１９８人による決戦投票に持ち込まれた。結果、「１０８票対89票」で安倍が逆転勝利した。

体調悪化による突然の政権投げ出しから5年目。いったん辞任した総裁が返り咲いたケースは1955年の自民党結党以来初めてだった。

よく、永田町では「安倍は運のいい政治家」と言われる。これといった政治キャリアがなかった当選3回で幹事長となり、議員歴13年で首相に上り詰めたスピード出世、そしてまさかの総理返り咲きからそうみられるわけだが、実際には背後には祖父の岸信介、父の安倍晋太郎が育てた森喜朗、小泉純一郎といった後ろ楯がいた。

それでもやはり、この再登板には安倍の「運」を感じる。

当時、民主党政権3代目の野田佳彦内閣は公約違反の消費税率引き上げ方針を決めたことで支持率が低迷し、次の総選挙で自民党が政権復帰する可能性が高いと衆目が一致していた。まだ自民党は野にあるとはいえ、総裁選は次期首相選びに直結する。だが、安倍が総裁選への再チャレンジを表明したとき、自民党内では有力候補どころか〝泡沫候補〟にすぎないという見方さえあった。例えば、第1次安倍内閣の大臣を務めた有力議員は、「次の総裁は政権復帰を懸けた総選挙の看板だ。政権投げ出しという無様な形で総理大臣を辞任した安倍さんでは国民の支持が得られない」と語っていた。自民党議員の多くも同様だった。妻の昭恵でさえ、健康問題を懸念して再登板への挑戦に待ったをかけていたのである。

安倍の出馬を支持したのは、元総理で盟友関係にあった麻生太郎、甘利明、菅義偉をはじめ、出身派閥の清和会（当時は町村派）では下村博文、稲田朋美、古屋圭司、世耕弘成など「お友達」の側近議員くらいのものだった。

もはや祖父や父の威光は期待できない。安倍の後見人だった森は再登板に批判的で、水面下では他派閥の石原伸晃を支援していた。さらに最大派閥の町村派から会長の町村信孝自身が出馬したことで、安倍は出身派閥の支援も期待できなくなった。泡沫候補とみられても仕方がない状況だったのである。

ところが、その町村が総裁選立候補の4日後、選挙戦さなかに脳梗塞に倒れる。出馬辞退こそしなかったものの、各地の立会演説会などへの出席は不可能となった。

安倍ブレーンの1人は「あれがなければ再登板はなかった」と振り返る。

「総裁選渦中に町村さんが倒れたことで、動揺した町村派内からかなりの議員票が安倍さんに流れた。それで議員票、党員票ともに2位につけて決戦投票に進むことができた。巡り合わせとしかいいようがないタイミングだった。確かに運がいい」

石破は党員の間では人気は高かったが、自民党を一度離党（改革の会→新進党に参加）して出戻った過去が長老やベテラン議員には不評で、決戦投票に残れば安倍に逆転のチャンスがあった。

石破の過去に加え、有力な対抗馬だった石原が総裁選告示日（9月14日）を翌日に控えたテレビ出演で失言した一件も、運命の女神を〝安倍支持〟に回らせることに。

自民党幹事長だった石原は、当時問題になっていた東京電力福島第一原子力発電所事故に伴う汚染土の処分場について、「もう福島原発の第1サティアンのところしかないと思う」と述べる。「サティアン」はオウム真理教が数々の事件を起こした教団施設の名称であり、「配慮に欠く発言」として批判を浴びることになる。

後に振り返った石原の盟友は、「石原は自分が勝てると思い込んでいた。気の緩みというか、驕った気分で緊張感を欠き、自ら勝機を遠ざけてしまった。あの発言がなければいけたのに」と悔しがった。

で、石原は党員投票でふるいにかけられ、自民党議員は決戦投票で出戻りの石破ではなく、〝次善の選択〟として安倍の再登板を選んだわけである。

安倍には誤算もあった。総裁選で支持してくれるものと期待していた小泉純一郎の次男で自民党青年局長の進次郎が「石破支持」に回ったことだ。

国民人気が高い進次郎の動向は総裁選の行方に大きな影響を与えると見られ、各陣営が進次郎争奪戦を演じたが、本人はあくまで「1回生の私の1票が影響を与えるのは不本意。身のほどをわきまえて行動する」として、投票が終わるまで誰を支持するか態度を鮮明にしなかった。総裁戦後、2回とも石破に投票したことを明かしたうえで、その理由をこう述べた。

「自民党は変わらないというイメージがあるなかで、新しい自民党の姿をつくり上げてほしいという期待を込めた」

人一倍プライドが高い安倍にすれば、「自民党は変わらないというイメージ」とは聞き捨てならない言葉だったはずだ。政治に「たら、れば」はないとはいえ、進次郎が事前に「石破支持」を表明していたとしたら、総裁選の流れは変わっていただろう。

安倍自身、党内で総裁返り咲きを全面的に歓迎されていないという冷ややかな視線を感じていたからか、両院議員総会で総裁に選出されたあとの挨拶で、こう語っている。

「5年前に首相を突然辞任する結果になった。総裁選の勝利によって5年前の責任が消えるわけではないが、この経験、責任を胸に刻んで政権奪還に全力を尽くす」

「面舵《おもかじ》いっぱい！」の計算

見落とせないのは、総裁選を通じて安倍がタカ派の主張をより先鋭化させたことだ。

総裁選の共同出馬会見（9月14日）で安倍は、前回の首相時代に靖国神社を参拝しなかったことについて「痛恨の極み」と発言し、慰安婦募集の強制性を認めた宮沢喜一政権時代の河野洋平官房長官談話（1993年）に代わる新たな政府見解を作成する考えを明言した。さらに総裁選公約には「憲法改正」を前面に掲げ、9月20日の東京・秋葉原駅前で開いた街頭演説会で観衆にこうアピールした。

「戦後体制から脱却していく。教育基本法は変えた。いよいよ皆さん、憲法改正に挑戦しようではありませんか！」

憲法改正、靖国参拝、河野談話見直し――これが安倍返り咲きの3大公約となった。

2006年の最初の総裁選とは逆に、自民党内にも国民にも、安倍の再登板に期待する声は薄い。「政権を投げ出した元総理」というイメージを背負ったマイナスからのスタートとなった安倍には、国民の耳目を集める強い旗印が必要だった。

安倍は岸の孫であり、根っからのタカ派だというのが多くの国民の見方だが、自民党の同世代議員から見ると、憲法・安全保障問題にのめり込む裏には政治家として生きていくためのソロバンがはじかれている――と映るようだ。

安倍には成功体験があった。独裁国家・北朝鮮による日本人拉致＝安全保障問題と向かい合ったとき、ひときわ声高に叫んだ「帰国した5人を北に返すべきではない！」という主張は「妥協なき対応」と評価されて国民の喝采を呼んだ。安倍には別に高邁《こうまん》な外交論など必要もなかった。「国益を守るため」のワンフレーズを前口上として付けておけば、すんなりと国民を納得させることができた。

総裁選で3大公約を鮮明にしたことによって、泡沫候補と見られていた安倍の存在は蘇る。保守主義団体の「日本会議」をはじめ、保守系団体に熱狂的な安倍支持グループが生まれ、保守派の学者・文化人の「安倍晋三総理大臣を求める民間人有志の会」が立ち上げられた。ネット上でも中国、韓国に敵対的な言動をとる「ネット右翼」(ネトウヨ)の間から安倍待望論があがった。

総裁選の決戦投票の日、自民党本部前で「安倍さん頑張って!」と気勢をあげたのは、そうした勢力だった。もともと「自信家とはいえない」(学友)安倍にとって、この支持行動がどれほど心強かったかは想像に難くない。そしてその自信が、後に〝暴君〟と呼ばれる態度を招く下地になったのではないか。少なくとも筆者はそう感じている。

そもそも、安倍のタカ派の主張に共鳴する勢力は国民の多数派とはいえない。直近の世論の動向でも、例えば安倍が強行成立させた安保法制について、各社の世論調査では半数超が「反対」と答えていた。最初から現在まで、タカ派路線を支えているのは一部の支持者にすぎないことがわかる。

確かに熱狂的ファンはつくったが、総裁選の投票結果を見ても、安倍の得票は保守地盤である自民党員票の3分の1以下だった。国会議員票も、党所属の衆参両院議員198人のうち、第1回投票で安倍に投じたのは4分の1の54票にすぎなかった。

実は安倍は、党内基盤が脆弱なまま2回目の総裁に就任したのである。だからこそ弱い基盤を補強する必要があった。その「補強材」を右派の支持層に求めたのは、そのための政策が実質を伴わない〝口先〟で実現できたからだろう。事実、安倍側近は、当時の安倍が政権維持のために「右傾斜を強めていった」と述懐している。

自民党は伝統的に超タカ派からリベラル、護憲派まで国民の間にある多様な価値観・思想を持つ議員たちが幅広く参加する「包括政党」であり、それゆえに「国民政党」と呼ばれてきた（「ぬえ」という蔑称もある）。右寄りの岸内閣が安保改定で批判を浴びて倒れると、党内政権交代で次は「軽武装・経済重視」の池田内閣が、「金権」の田中内閣に代わって「クリーン」の三木内閣が生まれるという振り子の原理によって、長期政権を維持するしたたかな知恵があったのだ。

しかし、総裁に返り咲いた安倍は、「面舵いっぱい！」とばかり、自民党を丸ごと右へと大きく旋回させようとしていった。

総裁選から3か月後の2012年12月、野田首相は解散・総選挙に踏み切る。野党だった安倍自民党は、この総選挙で〈日本を、取り戻す。〉というキャッチフレーズで東日本大震災からの復興や経済再生、教育・外交の再生など328項目に及ぶ公約を掲げたが、安倍はその1項目に「憲法96条の先行改正」を盛り込んだ。

96条は憲法改正手続きを定めた条文で、〈この憲法の改正は、各議院の総議員の三分の二以上の賛成で、国会が、これを発議し、国民に提案してその承認を経なければならない〉としている。

安倍は第1次政権で憲法改正のための国民投票法を成立させていた。だが、国会で憲法改正を発議するには、「両院議員の3分の2以上の賛成」という高いハードルが課せられているために、改正案を国民投票にかける前段階が容易ではない。

そこで9条改正の前に96条を先行改正して「衆参の過半数の賛成」で憲法改正を発議できるようにしようとしたのである。ただし、これも自民党の改憲論者の間では古くからある考え方で、安倍のオリジナルではない。

実際には、12月16日に投開票された第46回総選挙では96条改正はほとんど争点にされなかったが、民主党への不満から自民党は大勝し、安倍は第96代総理大臣になった。

首相の再登板は戦後2人目、吉田茂以来64年ぶりだった。祖父の岸信介も60年安保の混乱で退陣したあと、悲願にしていた憲法改正を実現するため再登板に意欲を燃やしたとされるが、果たせなかった。

「憲法96条改正」の挫折

再登板した安倍は就任直後は「96条改正」に強い意欲を見せる。

自民党と連立を組む公明党は改憲慎重派だが、衆院選では改憲賛成派の日本維新の会が54議席を獲得し、自民党と合わせて改憲賛成政党が３４８議席と衆院の３分の２を上回る状況が生まれていた。

総選挙から1か月後に召集された翌２０１３年1月からの通常国会で、安倍は改憲発言を連発した。

「憲法改正については、党派ごとに異なる意見があるため、まずは多くの党派が主張しております憲法96条の改正に取り組んでまいります」（1月30日、衆院本会議）

「国民の6割が、あるいは7割が改正したいと考えていたとしても、3分の1をちょっと超える国会議員が反対をすれば議論すらできないというのはおかしいだろうというのが、我々自民党の考え方であります」（2月26日、参院予算委員会）

さらに4月23日の参院予算委員会では、「衆議院選挙の我が党の公約のなかにも96条の改正が入っている。当然、7月の参議院選挙においても我々は堂々と96条の改正を掲げて戦うべきであると、総理総裁としてはそう考えております」と宣言したのである。

国会での多数派づくりにも乗り出した。

3月には野党の民主党、日本維新の会、みんなの党の改憲派有志議員による「憲法96条研究会」（呼びかけ人＝渡辺周・民主党代議士）が結成され、安倍自身、4月9日に日本維新の会共同代表（当時）の橋下徹と会談して憲法96条の改正を目指すことで一致した。国会では休眠状態にあった超党派の「憲法96条改正を目指す議員連盟」（会長は安倍側近の古屋圭司・自民党代議士）が活動を再開し、5月13日に開かれた総会には超党派の議員約350人が参加した。

安倍には「〝これが正しい〟と思い込むとコトを性急に運ぼうとする体質」（清和会幹部）があり、それが独特の行動力につながることもあるが、第1次内閣では国民投票法や教育基本法改正、防衛庁の省昇格法を次々に強行採決で成立させたことが不人気の原因にもなった。

当時の国民世論は、安倍自身が国会で語ったように「6割、7割が憲法改正したい」という状態ではなかった。新聞・テレビの世論調査（2013年4～5月）を見ると、96条改正への賛否は、NHK「賛成26％、反対24％」、朝日新聞「賛成39％、反対52％」、安倍の改憲方針を後押しする読売新聞でも「賛成42％、反対42％」、産経新聞は「賛成42％、反対45％」――など、いずれも賛否が伯仲していた。

そこに世論に大きな影響を与える論説が飛び出した。

改憲論者として知られる著名な憲法学者の1人で、慶応大学教授（その後、名誉教授）の小林節が、朝日新聞（2013年5月4日付朝刊）のインタビューに答えて「安倍改憲」を批判したのである。「96条改正は『裏口入学』。憲法の破壊だ」と題した記事は、こんな内容だった。

〈私は9条改正を訴える改憲論者だ。自民党が憲法改正草案を出したことは評価したい。たたき台がないと議論にならない。だが、党で決めたのなら、その内容で（改正の発議に必要な衆参両院で総議員の）「3分の2以上」を形成する努力をすべきだ。改憲政党と言いながら、長年改正を迂回し解釈改憲でごまかしてきた責任は自民党にある。

安倍首相は、愛国の義務などと言って国民に受け入れられないと思うと、96条を改正して「過半数」で改憲できるようにしようとしている。権力参加に関心のある日本維新の会を利用し、ひとたび改憲のハードルを下げれば、あとは過半数で押し切れる。「中身では意見が割れるが、手続きを変えるだけなら3分の2が集まる。だから96条を変えよう」という発想だ。

これは憲法の危機だ。権力者は常に堕落する危険があり、歴史の曲がり角で国民が深く納得した憲法で権力を抑えるというのが立憲主義だ。だから憲法は簡単に改正できないようになっている。日本国憲法は世界一改正が難しいなどと言われるが、米国では（上下各院の3分の2以上の賛成と4分の3以上の州議会の承認が必要で）改正手続きがより厳しい。それでも日本国憲法ができた以降でも6回改正している。

自分たちが説得力ある改憲案を提示できず、維新の存在を頼りに憲法を破壊しようとしている。改憲のハードルを「過半数」に下げれば、これは一般の法律と同じ扱いになる。憲法を憲法でなくすこと。「3分の2以上で国会が発議し、国民投票にかける」というのが世界の標準。私の知る限り、先進国で憲法改正をしやすくするために改正手続きを変えた国はない。

権力者の側が「不自由だから」と憲法を変えようという発想自体が間違いだ。立憲主義や「法の支配」を知らなすぎる。地道に正攻法で論じるべきだ。「96条から改正」というのは、改憲への「裏口入学」で、邪道だ〉

この論説をきっかけに、「裏口改憲」だという批判が急速に強まった。安保法制でもそうだったが、安倍は理論的裏付けなしに、プロパガンダとパフォーマンスで突っ走る悪い癖がある。学者や官僚から支持されないのはそういう面である。

参院選が迫った6月になると、安倍は、「平和主義、基本的人権、国民主権（に関わる条項の改正発議）は3分の2に据え置くことも含めて議論していく」とトーンダウンし、最終的には参院選公約に「96条の先行改正」を掲げることを断念した。

後述するが、この挫折こそが、安倍に憲法改正を断念させ、集団的自衛権の行使容認という「解釈改憲」へと突き進ませたきっかけだった。

安倍は「優しいおじいちゃん」の何事にもたじろがない姿に敬愛の念を深め、将来自分が目指す政治家の姿と定めた。その安倍は憲法改正を政治家としての最大の仕事と公言してきた。しかし実際は、あれが駄目ならこれでいくという「裏口」の政治手法も目立つ。学友に語った「そんなの要領だよ、要領」の言葉が改めて思い返される。

「天皇陛下バンザイ」

ちょうど安倍が憲法96条改正に前のめりになっていた時期、第2次安倍内閣のタカ派への傾斜を象徴する出来事が起きた。

安倍は総選挙の公約に「主権回復の日」の制定を掲げ、政権に就くと早速、閣議決定を行なった。日本と連合国との戦争状態を終結させた「サンフランシスコ講和条約」が発効（1952年4月28日）し、日本がGHQによる占領状態から脱した日を「主権回復の日」と定めたのである。

そのうえで、２０１３年４月28日当日、天皇、皇后両陛下ご臨席のもと、政府主催の初めての式典「主権回復・国際社会復帰を記念する式典」を国会議事堂向かいに建つ憲政記念館で開催した。

しかし、サンフランシスコ講和条約によって主権回復したのは本土だけであり、沖縄や奄美、小笠原諸島の人々にとってこの日は日本から切り離されて米国の信託統治領とされた「屈辱の日」「痛恨の日」とされている（奄美の本土復帰は１９５３年、小笠原諸島は１９６８年、沖縄の復帰は１９７２年まで待たなければならない）。いわば日本が分割された日でもあったため、「両陛下は先の戦争で大きな惨禍を蒙《こうむ》った沖縄の人々の気持ちをおもんぱかられて、当初から式典への出席には前向きでなかった」（宮内庁関係者）とみられていた。

式典は首相・安倍晋三以下の衆参両院議員（生活の党、日本共産党、社会民主党、みどりの風は欠席）、都道府県知事、各国大使が参加して行なわれたが、終戦記念日の「全国戦没者追悼式」のような天皇陛下のお言葉はなかった。

〝事件〟は司会役の官房長官・菅義偉が閉会の言葉を述べ、両陛下が退席する際に起きた。式場の前方席にいた議員が「天皇陛下バンザーイ！」と叫んで万歳したのをきっかけに、壇上にいた安倍をはじめ出席者たちの多くが万歳三唱したのである。

出席議員の1人が振り返る。

「私も突然のハプニングにびっくりしたが、陛下はもっと驚かれたようで、表情を固くしたまま退出された」

皇室関係者によると、この「バンザイ事件」をきっかけに、「皇室・宮内庁と首相官邸の溝が深まった」という。事実、翌年から「主権回復の日」の政府主催式典は開かれなくなり、戦後70周年の総理大臣談話の迷走にもつながった。

安倍は慰安婦問題の強制性を認めた河野談話や侵略戦争を謝罪した戦後50年の村山富市内閣の首相談話に批判的な立場を取り、戦後70年の首相談話について、「植民地支配」「侵略」「痛切な反省」「お詫び」というキーワードを使わない方針を掲げた。

しかし、2015年8月14日に発表した安倍談話には、〈事変、侵略、戦争。いかなる武力の威嚇や行使も、国際紛争を解決する手段としては、もう二度と用いてはならない。植民地支配から永遠に訣別し、すべての民族の自決の権利が尊重される世界にしなければならない〉〈我が国は、先の大戦における行いについて、繰り返し、痛切な反省と心からのお詫びの気持ちを表明してきました〉と4つのキーワードをきれいに全部盛り込まざるを得なかった。

その翌日の8月15日に行なわれた全国戦没者追悼式の天皇陛下のお言葉には、〈さきの大戦に対する深い反省と共に、今後、戦争の惨禍が再び繰り返されぬことを切に願い、全国民と共に、戦陣に散り戦禍に倒れた人々に対し、心からなる追悼の意を表し、世界の平和と我が国の一層の発展を祈ります〉

と、過去の戦没者追悼式のお言葉にはなかった「さきの大戦に対する深い反省」という踏み込んだ言葉が含まれていた。これが安倍談話の隠れた伏線だったのだ。

もし、安倍が反省の言葉を述べなければ、形式的に天皇が首相に代わって「お詫び」することになってしまうし、天皇と内閣の〝不一致〟が世界的に注目されてしまう。そうなれば「バンザーイ」どころの話ではない。この天皇談話は、天皇陛下自身が推敲《すいこう》を重ねて作られたとされている。「安倍の式典」で顔色を変えた天皇陛下が、その後どのような気持ちで内閣の右傾化を見ていたかがうかがえるエピソードではあるまいか。

「憲法解釈の最高責任者は私だ」

安倍は、少年期には憲法前文を「美しい文章だ」と語った教師の言葉に「おかしいんじゃないか」と反発し、大学時代には親友に「お前、今の憲法はおかしい。9条を変えなければならない。そう思わないか」と熱く語っていた。岸への愛着から発した刷り込みだったとしても、ある種の信念をもって抱き続けた思想であることは間違いない。

筆者は安倍が自民党幹事長時代に「なぜ、憲法改正が必要なのか」を問うたことがある。安倍は「制定過程」「時代」「精神」の3つの理由を挙げた。

「今の昭和憲法というのは、成立経過に問題がある。極めて短い期間にGHQ（連合国軍総司令部）などにいた憲法については素人の若いニューリーダーによって書かれている。それなりに彼らは理想に燃えて書いたのだろうが、いくら何でもその経緯はやっぱり問題だ。経緯はどうであれ、できたものは立派だという人がいるが、日本の基本法がそういう経緯ということは、これはやっぱり正さなければならない」

いわゆる「米国押しつけ憲法」論である。「時代」については、こうだ。

「昭和から平成になり、憲法が成立してから50年以上経つなかで、明らかに時代に合わないものが出てきている。前文も含めて9条がその典型だ。これ以外にも環境権の問題やプライバシーの問題など新しい時代に応じた価値が出てきている。見直しや改定しなければならない条文がある」

安倍に言わせれば、「北朝鮮からミサイルが飛んでくる時代に、憲法前文にある『平和を愛する諸国民の公正と信義に信頼して、われらの安全と生存を保持しようと決意した』という性善説だけで国益が守れるのか」ということになる。

残る「精神」については、「今生きている時代の我々日本人によって新しい憲法を書こうという意欲と気持ちが新しい時代を作っていくうえで必要なんだと思う。その気概と未来を見据えた姿勢が必要だと考えている。これをてこにして、真の意味での改革を進めていく気概がみなぎっていくのではないかと思っている」と言う。

これを受け、筆者が「全面改定を考えているのか?」と尋ねると、こう答えた。

「そうだ。一部書き換えというよりも、最初から新しく書いていく。いってみれば白紙の状態から入るということになる」

ところが、それだけこだわっているかにみえた憲法改正が、あっという間にしぼんでしまったことに、筆者は呆れている。岸の姿勢を模範とするなら、政権を失う覚悟で取り組んだらいいのに、参院選のために96条改正を投げ出すと、「一部書き換え」よりもっとひどい「解釈改憲」に走り始めたのである。

それこそが安倍における「集団的自衛権」の深い意味である。

日本政府は田中角栄内閣当時の1972年に集団的自衛権について「保有するが憲法上、行使はできない」という政府見解を出し、歴代政権はその立場を守ってきた。根拠となった政府見解の根幹部分は次のような内容だ。

〈わが憲法の下で、武力行使を行うことが許されるのは、わが国に対する急迫、不正の侵害に対処する場合に限られるのであって、他国に加えられた武力攻撃を阻止することを内容とする集団的自衛権の行使は、憲法上許されないと言わざるを得ない〉

国家の基本である憲法の解釈を1内閣、1首相の判断で転換することは法治主義を揺るがしかねない。仮に憲法改正によらない解釈の見直しを迫られる事態が起きたとしても、最低限、国民的な議論とコンセンサスは欠かせないはずだが、そうした発想は安倍にはなかった。安倍は、２０１４年2月12日の衆院予算委員会で集団的自衛権をめぐる憲法解釈についてこう言い切った。

「（憲法解釈の）最高責任者は私だ。政府答弁に私が責任をもって、そのうえで私たちは選挙で国民の審判を受ける。審判を受けるのは内閣法制局長官ではない。私だ」

そして解釈変更に向けて強引な政治手法を採った。まず、安倍は事前に、政府提出法案（閣法）の憲法解釈をチェックする内閣法制局の長官に集団的自衛権行使容認派の元外務省国際法局長・小松一郎（在任中に死去）を起用し、従来の憲法解釈を変えることに否定的だった内閣法制局からの反対論を封じ込める人事を行なっていた。

次いで行使容認派の学者・有識者を集めた総理の私的諮問機関「安全保障の法的基盤

の再構築に関する懇談会」（座長・柳井俊二元駐米大使）に「集団的自衛権の行使は認められるべきだ」という内容の報告書（2014年5月）を提出させ、同年7月、集団的自衛権の行使を容認する憲法解釈の転換を閣議決定する。

96条改正を断念させられてから1年足らずの決定だった。信念とは程遠い、「要領だよ、要領」の軽さが滲《にじ》み出ていたことは厳しく指摘されるべきだろう。

この歴史的な閣議決定にあたって、内閣法制局はわずか1日で審議を終え、「意見なし」と回答して異議を挟まなかったこと、さらに審議過程の資料を公文書として残していないことを毎日新聞（2015年9月28日付）がスクープしている。

「安保国会」で取った祖父の仇

しかし、安倍がこの憲法解釈変更を踏まえた安全保障関連法案を国会に提出すると、国民的反対運動が巻き起こった。

2015年8月30日、国会に安保法案に反対する数万人のデモ隊が押し寄せた。主催者発表は「約12万人」、警察は「約3万3000人」と発表したが、デモ隊には高校生や大学生、子供を連れた主婦、会社員や高齢者まで幅広い層が加わっていた。安保世代の筆者もデモの現場を踏み、半世紀前の光景との共通点も「変質」もこの目で確かめた。

安倍にとって、安保反対デモはトラウマである。幼い頃、岸信介邸に押し寄せたデモ隊は、「おじいちゃん」を退陣に追い込んだ仇であった。祖父が手がけた安保条約改定に反対を唱えるリベラル派を「うさん臭いものに感じた」と語っていた安倍は、自らの安保法案でも国民の声に耳を塞いだ。

そして9月19日未明、1万人を超える国民が深夜の国会を囲むなかで、安倍政権は参院本会議で安保法案を強行採決し、成立させた。

その日、安倍首相は胸を張って言い放った。

「戦後以来の大改革になった。（国民の反対は）覚悟のうえだ」

さらに、〝憎き60年安保闘争〞と比べて、デモ隊を挑発さえしたのである。

「あのときは、『総理大臣の身辺の安全を完全に守ることは難しい』とまで言われていたが、今回は全くそういう状況ではない。私は平常心で成立を待っていた」

安保法制について、新聞各紙の世論調査では「今国会での成立を望まない」という声が6割前後に達し、多くの国民が「政府の説明が不十分」と感じていた。どんな状況下で集団的自衛権の行使が必要になるかの国会答弁も迷走した。

それでも安倍は、野党やマスコミ、国民を煙に巻いたまま、ひたすら成立を急いだ。そこには、岸の遺志を継ぎ、歴史に名を残したいという私的な思いがあったことは否定できないはずだ。

法案成立3日後の9月22日、安倍は祖父・岸信介と父・晋太郎が並んで眠る静岡県小山町の富士霊園を訪れ、「親父と祖父の墓前に、国民の命と平和な暮らしを守るための法的基盤が整備されたことを報告した」——そう満足げに語ったのである。

くすぶる健康問題

安倍は墓前報告で、安保国会を乗り切った満足感を感じていたに違いない。

筆者の手元には、安倍の健康に関するマル秘取材メモがある。改めてめくると、2015年の通常国会延長後から、「すごく疲れているように見える」「イライラ感が増している」「いっぱい、いっぱいの状況だ」「もう激務に耐える体力はない」など体調不良を思わせる話が目につく。現実に、吐血や嘔吐、さらには「行きつけの寿司屋で体調がおかしくなった」など様々な情報が乱れ飛びもした。

健康問題と強引かつ性急な国会運営を線で結ぶと、ひとつの推測が可能になる。「晋ちゃんには、一旦思い込んだら何が何でもやり通さないと収まらない頑固さがある」（養育係の久保ウメ）という気質と、「いっぱい、いっぱい」の体調を考え合わせると、安保法案を継続審議や第3次内閣の課題とするわけにはいかなかったのではないか。

潰瘍性大腸炎の大敵は、①ストレス、②飲酒、③脂っぽい食事・刺激物の摂取だ。だが安倍は、体調不安説を払拭するかのように、パーティーで酒を飲み、記者らと焼き肉店に行って肉をほおばり、キムチなど刺激物を口にしたり、中華料理店で油っこい料理を食べたりしている。体調が快方に向かうはずもなかろう。前述の福田赳夫の話のように、総理大臣である以上、ストレスに毎日さらされることだけは避けられない。

数年前、安倍が筆者に言い寄って来て口にした言葉を覚えている。

「野上さん、もう身体のほうは良くなったから、これからは『健康不安』『健康不安』とは書かないでね」

記者と会食したり、筆者に〝依頼ごと〟をしたりするくらいなら、なぜ明確な形で健康状態を国民に向けて発信しようとしないのかと思う。筆者がかつて記者として強い印象を受けたのが、天皇陛下が心臓のバイパス手術を受けた（2012年2月）あと、手術に当たった順天堂医大心臓血管外科教授・天野篤ら医師団が行なった会見だ。天野らは図解を交えて「手術は成功した。全く問題はない」と国民にメッセージを伝え、手術から1年後には「大丈夫」と太鼓判を押し、海外出張ＯＫのサインまで公表した。

陛下が医師団にそうさせたのは、もちろん国民統合の象徴としての自らの存在を意識したからだろう。ならば、総理大臣も公人中の公人である。その健康は国民の関心事であり、国益に直結する。本当に問題がないのなら、国会閉会後にも、医師団の会見があってしかるべきではないか。

現実は逆で、総理再登板後も安倍のケア・チームは筆者らの取材に重く口を閉ざし、一度たりとも表に出て安倍の体調について語らない。医師としての守秘義務は、安倍本人が許せば何の障害にもならないはずだ。安倍はそれもせず、「吐血」と書いた週刊誌を「告訴する」などと強圧的な構えをみせる。しかも告訴した形跡はないのだ。法廷に出れば困ることがあるのは安倍のほうではないかと勘繰られても仕方なかろう。

第３次内閣を発足させた後の２０１５年10月10日、安倍は約6時間、主治医が勤務する東京・信濃町の慶大病院で人間ドック入りしている。筆者のファイルには、「国会開会中に先送りされていた血液採取やＭＲＩ撮影など、さまざまなデータ収集が行なわれ、健康状態に関して徹底的な検討が加えられた」とある。

安倍は持病に効くとされるアサコールのほか副作用の炎症を止めるためのステロイド

など何種類もの薬を服用しているとされる。一般的に、多種多様な薬の服用が続けば肝臓や腎臓などを傷める。目白押しの外交日程を前に、ケア・チームは体調維持対策を探る必要があったということではなかったか。いくら外交好きの安倍とはいえ、2か月あまりに6回という、この秋の外遊日程は異例のものだった。実際、ケア・チーム内には体調維持を懸念する空気があったという。

その一方で、2015年秋の臨時国会が安倍官邸の意向で開かれなかった一件も見逃せない。新閣僚の所信を表明する機会としても開催は当然だろう。大筋合意したTPP（環太平洋戦略的連携協定）をはじめ、「1億総活躍社会」、「新三本の矢」、補正予算など、審議されるべき政策課題は山積している。

国政が最高権力者の健康状態に左右される事態は、むろんあってはならない。

「拉致の安倍」の変質

それにしても、安倍が異様なまでに安保法案を「9月18日」に成立させることにこだわったのはなぜだったのか（実際に成立したのは19日の未明）。

実はこの日程は、安倍が売りにしてきた拉致問題に絡んでいた。「9月18日」は、北朝鮮が日本政府に「1年程度を目標に再調査結果を報告する」と通告してきてからちょうど1年目にあたる日だったのである。

北朝鮮に対する強硬姿勢で名を上げた安倍だが、首相に再登板すると、それまでの強硬姿勢を一変させて対話路線へと舵を切った。これは、安倍の焦りだった。

2006年の首相就任にあたって、「私の内閣で拉致問題を完全解決する」と大見得を切った。だが、強硬一本槍の方針は北の態度を硬化させ、対話の糸口も見出せないまま、わずか1年で政権を去る結果になった。拉致被害者家族は落胆した。

汚名返上を狙った安倍は、再登板すると2日後には拉致被害者家族会メンバーを首相官邸に招き、こう決意表明している。

「5年前に突然辞任したとき、被害者家族の皆さんには大変残念な思いをさせた。私にとってもつらいことだった。私がもう一度総理になれたのは、何とか拉致問題を解決したいという使命感によるものだ。5人帰還のとき、帰ってこられなかった被害者の家族の皆さんは涙を流していた。それを見て全員取り戻すことが私の使命と決意した。しかし、10年経ってもそれは達成されておらず申し訳ない。再び総理を拝命し、必ず安倍内閣で完全解決の決意で進んでいきたい」

北朝鮮はしたたかだった。安倍の前のめりの姿勢を見るや、「拉致被害者を帰国させる用意がある」という怪しげな情報が日本政府にもたらされた。この情報は野田政権時代にも伝えられており、野田も一時訪朝に前向きになっていたが、あまりに確度が怪しいために立ち消えになっていたものだ。

しかし、安倍はそれに乗ってしまう。外務省を通じて交渉を再開させ、２０１４年春には防衛省にひそかに政府専用機の準備を指示し、電撃訪朝に意欲を見せた。７月の日朝局長級会議で日本人拉致被害者らの再調査に関する特別調査委員会の設置で合意すると、安倍は拉致被害者家族会の反対を押し切って経済制裁の一部解除を決定した。ここから、すでに北朝鮮のペースにはまっていた。

日本側が一方的に経済制裁を緩和した後、日朝交渉は全く進展することもなく時だけが過ぎていった。もちろん、北朝鮮が「1年程度を目標に再調査結果を報告する」と通告してから1年目の２０１５年9月18日になってもなしのつぶてだった。

この日が安保法案の参院強行採決と重ならなければ、その日の新聞各紙には「北朝鮮の拉致被害者調査再開から1年、進展なく」などと北朝鮮外交の失敗が大きく報じられていたはずだ。国民的関心も高く、安倍にとって「売り」であった拉致問題での失敗は、当然ながら本人が株価とともに最も気にする内閣支持率に大きな影を落としかねない。

それが安保法案にかき消され、拉致被害者調査が暗礁に乗り上げている実相は国民の目に触れないまま忘れられる格好になった。

筆者は小泉訪朝後に5人の拉致被害者が帰国した当時、家族会の主要メンバーに話を聞いた。「そこまで」と思うほど彼らが一様に安倍への感謝と信頼の言葉を語ったことが強く印象に残っている。このときの取材については第四章で詳しく述べた。

家族会の安倍に対する信頼を知る筆者からみると、首相再登板後の安倍の対応は、拉致家族を苛立たせていると感じる。実際、拉致被害者・蓮池薫の兄で拉致被害者家族連絡会副代表である蓮池徹は、2015年9月29日のツイッターで、1年経ってもゼロ回答の状況に怒りをぶつけている。

〈どうなっているの？今日が北拉致再調査結果報告の期限だったはず。日本の政府は無言。首相は（外遊で）不在〉

拉致は北朝鮮による国家犯罪であり、最高権力者の命令で国家機関がミッションとして日本人を拉致した。工作員の教育係やよど号乗っ取り犯の花嫁候補などにするためだった。そのため、拉致被害者は現地で当局の厳重な監視下に置かれ、行動を制約されていることは帰国した5人の証言からも明らかだ。

北朝鮮は「拉致被害者の安否」など改めて調査するまでもなく、最初から把握している。安倍自身、自民党幹事長時代に、「拉致をしたのは彼らで、行方を知っている。知らないふりをして一緒に調査するというのは、時間延ばし以外の何物でもない。拉致問題は金総書記がすべてを話せば一秒で解決する話だ」（日本経済新聞２００４年5月22日付）と語っていた通りなのである。

北朝鮮政府内の事情に通じる在京外交関係筋は言う。

「安倍官邸は『再調査』を打ち出して家族会に期待感を持たせた。北朝鮮サイドは『調査をし直す』という言い方はしているが、実は何か新しい事実を見つけて日本に提示するという意味では全くない。北朝鮮サイドからすれば、『再調査』なる言葉は日本政府が国内向けに使っているものであり、関知しないという態度だ」

そして、こうも付け加えた。

「北朝鮮には安倍総理への信頼感が全くない。だから、積極的に日朝関係を改善する考えは持っていない。安倍政権で正常化の扉を開けようなんて５００％考えていない」

とすれば、安倍が北朝鮮の言うがままに「特別調査委員会」設置による再調査に合意したことは、明らかな外交的敗北だった。現に家族会内部からは「安倍が北朝鮮に1年もの時間を与え、我々に期待を抱かせたこと自体、功名心に逸《はや》ったからではないのか」との不信の言葉も出ているが、当然だろう。北朝鮮はまんまと経済制裁解除と、懸案だった朝鮮総連（在日本朝鮮人総連合会）本部の競売問題の解決（事実上、今後も使用可能になった）という果実を手にした。日本の収穫はゼロだ。

長年、拉致問題にかかわってきた拉致議連メンバーの1人も、こう語る。

「拉致交渉は外交だ。落としどころをどう見出すかが重要になる。小泉訪朝で金正日が拉致を認めて5人を日本に帰国させたのも、人道的な判断ではなく、25万トンのコメ支援（実際に送ったのは半分）という交換条件があったからだ。たとえ正論であっても、日本側が一方的に『返せ、返せ』と主張して経済制裁を強めるだけでは北は乗ってこない。安倍さんの強硬路線以来、この10年間、新たな帰国者は1人もいなかった。家族会は、それでも安倍さんに期待するしかないという事情があった。

第2次安倍政権が経済制裁緩和へと路線を大きく転換したのは、これまでの北風政策の失敗がわかったからではあるのだが、何としても拉致問題で外交得点を稼ぎたいという政治的打算もやはりある。北に足元を見られた安倍さんは、外交的には泥沼にはまってしまった」

複数の官邸幹部の話を総合すると、安倍は拉致問題に全く展望が見えず、看板にしてきた被害者救出が難しくなった状況から、家族会と世論をつなぎとめるため「あの手この手」を思案中だという。例えば、北朝鮮との外交関係が良好なモンゴルを仲介役として横田めぐみさんの娘・キムウンギョンさんを来日させ、横田夫妻と「涙のご対面」をさせるなどして家族会の安倍離れに歯止めをかける——といった「代案」が検討されているという。ここでも「要領だよ、要領」という実利主義と策士ぶりが垣間見える。

安倍は第3次改造内閣の拉致担当を、女性活躍担当とあわせて1億総活躍社会相の加藤勝信に兼任させた。これまでは国家公安委員長に兼務させてきた役職である。

「拉致と警察は表裏一体のはず。加藤は拉致問題に関わったことはないはずだ。安倍さんはもう拉致問題をやる気はないのか」（自民党拉致議連メンバー）

不満は拉致被害者家族にも広がった。就任1週間後の2015年10月16日、加藤は初めて家族会メンバーと面会したが、代表の飯塚茂雄は「被害者家族は精神的にも肉体的にも限界にきている」と念を押したうえで、「専任ではなかったのが非常に残念だ」とわざわざ言い添えている。

先の議連メンバーは、「安倍は拉致で総理になったが、拉致が首を締めることになるような気がしてならない」と見立てた。

かつて安倍は筆者に、こう熱っぽく語ったものだった。

「拉致被害者を全員帰さない限り、拉致問題の幕引きはないんです。そうでしょ。そう思わないですか！」

「政治は結果責任」を口癖にする安倍。10年も期待感で引っ張ってきた拉致問題のツケをどう払うのかは、この政治家の「誠」を量るには最もわかりやすいテーマなのかもしれない。2015年9月24日、総裁再選が決まった直後の記者会見で、安倍の口から拉致の「ら」の字も出ることはなかった。

翌日の会見では、拉致に言及しない安倍に業を煮やした記者から、「再調査から1年経過するが、報告が示されていない。今後の展開をお聞かせください」と質問が飛んだ。

それに対して安倍は、官僚答弁のような一言で話題を打ち切ったのである。

「誠に遺憾であります」

黄泉の国から見ていた父・晋太郎は、「晋三は、相変わらず政治家に必要な情というものがない。あれでは、まだまだ駄目だなあ」と、つぶやいたのではなかろうか——そんな思いが筆者の頭によぎった。

*

岸信介の孫、安倍晋太郎の息子という政界サラブレッドとしてトントン拍子で出世した安倍は、政権投げ出しという挫折を味わったあと、自民党始まって以来の首相再登板を果たした。２０１５年秋の自民党総裁選でも「安倍サイドは公認権取り消しまで匂わせて対抗馬封じに動いた」（自民党無派閥議員）結果、無投票再選され、２０１８年までさらに3年間の総裁任期を得た。

「対抗馬が出れば相当程度の批判票が地方党員や国会議員から出てタカ派路線推進も限界になるとの危機意識が働いていた」（側近）ためだったが、その圧倒的な権力にもかかわらず、政治を任せられるという安定感より、強引な政治手法の危うさ、懐の狭さ、外交的な拙さ、品性を欠くヤジなど、かつての「政権投げ出し」の頃からあまり成長が感じられないのは筆者だけではあるまい。

政治家としての危うさを、生い立ちから探る筆者の安倍研究はまだ完成途上だが、祖父や父の政治的足跡や学歴へのコンプレックスを感じながら育った安倍は、真の意味で2人を超えたという自信を持てないまま、「タカ派の鎧」で自分の弱さを隠し、表面的な政治的実績を楯にしようとカラ回りしているようにみえる。

ひとまずここで筆を置くが、安倍晋三の物語は現在も進行中であり、それは国民を巻き込む重大なシナリオと重なっている。個人史ではすまない。少なくとも、岸や晋太郎には、そういう地位の重さを感じ、器量を見せる者がまとう迫力と覇気があった。安倍がそのオーラを身に付ける日が、いつか来るのだろうか。

あとがき

安倍晋三氏を論じた拙著評伝は、幹事長就任後と、最初に総理大臣に就く少し前の04年、06年夏に次ぎ、この『沈黙の仮面』が3作目となる。

最高権力者の舵さばきや言動に「ヨイショ」の類い、見方は不要だろう。最高権力者には有り余る権力が付与されており、「うまくいって当たり前、失敗すれば批判される」と、常に緊張感を持つべきだからだ。その意味で、期待感を込めて「甘味料」を加えた前2作と異なり、本書では辛口を意識した。

筆者には、政治記者のキャリアまだ浅い頃、首相番として取材した2人の最高権力者の言葉が、なお記憶に残っている。

佐藤栄作氏「君ら記者は、時に無礼な言葉を投げかけてくるが、心の修養だと胸に納めるようにしているんだ」

田中角栄氏「諸君も商売だからな。カチンとくることもグッとこらえて受け止めるさ」

若手記者の振る舞いをサラリと受け流す権力者の言葉に、懐の深さを感じたものだった。

拙稿の締めくくりに、安倍氏についてひとつだけ個人的感想を加えるなら、「相変わらず懐の深さがないいな」だ。自民党ＯＢ議員が評した「安倍君に知と徳を感じない」の言葉にも通じる。

本文でも紹介したが、安倍氏は「気が強く、わがまま」（養育係の久保ウメ）で、「反対意見に瞬間的に反発するジコチュー（自己中心的）タイプ」（学友）だ。それが、父・晋太郎氏が懸念した「政治家として必要な情がない」一面につながっている。

気にくわない場面や意見に出くわすことは誰にでもある。いちいち過剰反応しては神経がもたない。ちょっと頭を巡らせ、ちょっと感情を抑え、つまり臨機応変に知と徳を働かせて言動を工夫する。そうして「懐が深くなった」と印象づけるだけでも、ずいぶん政治家として熟した姿を示せるはずだ。でも長年取材してきた安倍親子において、父にあって子に足りないのは、今もってそこだと感じる。

最たる場面は安全保障関連法案審議でのヤジ問題だが、いくら謝罪に追い込まれても、安倍氏は自制が利かないから同じことを繰り返す。「自分を成長させる学習能力の欠如を露呈しているようなものだ」とは先のＯＢ議員の言葉だ。

「私が総理大臣。決めるのは私だ」の言葉にも耳を疑った。「世界に類がない」「歴史上初めて」「過去最高」「国家百年の計」などと実績を誇示するのも見苦しい。政治は最高権力者の自己満足のためにあるわけではない。評価は国民と歴史が下すものだ。

安倍氏は第1次政権の退陣後、「あれこれ一度にやろうと気負い、性急すぎた」「あの挫折が政治家として血肉となった」と語っている。が、「総理はすぐに結果を求めたがる」(首相官邸幹部)から、反省が活きてこない。自分の思う政治課題の実現を求めるのはいい。問題は、その過程だ。権力はあくまで国民から負託されたものであり、世の中の空気を読み取りながら着地点を見出していくのは当然だ。それを性急に結果を求めて数頼みの強引な手法をとれば、国民の信を失う。すでに〝晋ちゃんブーム〟に陰りがみえているのは、1次政権の教訓が活かされていない証拠ではあるまいか。

「全国津々浦々にまで豊かさを実感してもらう」はずだった経済政策・アベノミクスのメッキもはがれてきた。自民党総裁選で再選されると、「新三本の矢」を打ち出したが、国民はもうこれに熱狂することもないだろう。古いほうの三本の矢、とくに成長戦略を生み出すはずの三本目の矢は、いまだ放たれてもいないのだから、このままでは「安倍離れ」は必然の流れである。

強引、見せかけの政治手法とともに心配なのは、第2次政権を担って以後、特定秘密保護法、武器輸出3原則解禁、集団的自衛権行使容認、そして安保法など、「まるで戦前回帰の軍国路線まっしぐらと映る」（自民党ベテラン議員）タカ派色だ。いまや日本は左右に分かれて大論争だが、これは単に政策上の賛否の問題ではない。

『論語』に、孔子と弟子の子貢が交わす、こんな師弟問答がある。

「政治とは何か」

「民を食べさせる、軍備を整える、そして民の信頼を確保することだ」

「3つのうち、やむを得ず省くとすれば」

「軍備だ」

「残る2つのうち究極の選択は」

「食を絶てばいい。死は誰にでもやってくる。だが、民の信頼なしには永遠に続く政治は成り立たない」

その伝でいくと、安倍政権の優先順位はまるで逆に思えてくる。

周知の通り、安倍氏にはストレスが大敵の潰瘍性大腸炎という持病がある。その手には数=力もあるではないか。これから本格政権、長期政権を目指すというなら、もう小手先の政治を排してドッシリと構え、懐を深くして野党や国民と向かい合うよう知と徳を働かせてもらいたいものだ。敬愛するおじいちゃん（岸信介元首相）も言っていたではないか。「力任せではダメ。力の調整なんだよ」と。

　私がしつこく安倍氏の持病を指摘するのは、もちろんそれを批判の材料にしたいからではない。国のトップの体調は政治、ひいては国益に直結するからだ。本書執筆中に安保国会が閉じ、安倍氏はアメリカへ外遊して、帰国後は3回目の内閣改造を行なった。小幅な改造になったこと、さらに目玉政策として打ち出した「1億総括躍社会」、大筋合意したTPP関連の審議など重要なテーマがあるはずの臨時国会が開かれない不可思議な光景は、安倍氏の体調が絡んでいると見る向きがある。そればかりか自民党内では、「自分は安保、TPPまで。（2016年5月の）伊勢志摩サミットを花道に……と考え始めているのでは」との見方まで浮上してきている。

　実際、安倍氏の持病は、本人が言うように「すっかり良くなった」という状態にあるとは思えない。治療薬「アサコール」だけでなく、腸の炎症を抑えるためにはステロイド剤も使っていると伝え聞く。体調を崩せば、気力・体力を振り絞るために向精神薬の服用も迫られるだろう。そうした副作用を伴う多種類の投薬が、もともと弱い安倍氏の消化器系を傷めていることは想像に難くない。薬漬けは肝機能障害をも引き起こす。父・晋太郎氏が病に倒れ、再起がかなわなかった姿を目の当たりにしている筆者には、安倍氏の多忙とストレスが心身を蝕んでいることが憂慮されてならない。

テレビに映る最近の安倍氏の顔色と顔つきは、明らかに私の知るそれではない。不安が募るのを禁じ得ない。

本書は既刊2作と2015年初夏に「週刊ポスト」で連載した同名リポートをベースに、至近の安倍氏の言動や政治動向を踏まえて大幅に加筆したものだ。末筆ながら、取材・構成・資料整理などで惜しみない協力をいただいたジャーナリストの武冨薫氏に心から感謝したい。彼の協力なくして本書はなかった。そして、企画・編集の労をとってくれた小学館の三井直也氏にも厚く御礼を申し上げる。

2015年　秋

野上　忠興

安倍晋三　年譜

1954年９月21日	毎日新聞記者の晋太郎、岸信介の長女・洋子の次男として生まれる。
1957年２月	２歳半の頃、岸が総理大臣に就任。父・晋太郎は秘書官に転身。
1958年５月	晋太郎が総選挙出馬、初当選。両親は選挙のために不在がちとなる。
1959年４月１日	実弟・信夫誕生。生後すぐ岸家に養子に出される。
1961年４月	成蹊小学校入学
1967年４月	成蹊中学校進学。
1970年４月	成蹊高等学校進学。倫理社会の教師と安保条約論争。
1973年４月	成蹊大学法学部政治学科進学。アーチェリー部に所属。
1977年３月	成蹊大学法学部政治学科卒業。米国遊学、ヘイワード語学学校入学。
1977年９月	南カリフォルニア大学の聴講生となる。
1979年５月	米国留学を途中で切り上げて帰国。
1979年５月	株式会社神戸製鋼所入社。嘱託としてニューヨーク事務所に配属。
1980年４月	神戸製鋼所加古川製鉄所に配属。
８月	体調を崩して入院。
1981年２月	東京本社輸出部に異動。
1982年11月	晋太郎の外務大臣就任に伴って神戸製鋼所を退職。秘書官に就任。
1987年６月	森永製菓社長令嬢の昭恵と結婚。
８月	岸信介死去。
1991年５月	晋太郎死去。
1993年７月	第40回衆議院議員総選挙で旧山口1区から初当選。
1999年	自民党社会部会長として介護保険制度導入を手がける。
2000年７月	第２次森内閣の官房副長官に就任。
2001年４月	小泉内閣発足。官房副長官に再任。
2002年９月	小泉訪朝（第１次）に同行。対北朝鮮強硬姿勢で人気を得る。
2003年９月	自民党幹事長に就任。
2004年９月	同年７月の参院選敗北の責任を取って幹事長を辞任、幹事長代理に就任。
2005年10月	第３次小泉内閣の官房長官に就任。
2006年９月	自民党総裁に選出され　第90代内閣総理大臣に就任。
2007年９月	突然の辞意表明。
2012年９月	自民党総裁選に出馬、決戦投票で総裁に返り咲きを果たす。
12月	総選挙で自民党が大勝し、内閣総理大臣に再登板。
2013年の出来事	憲法96条の先行改正を断念。特定秘密保護法強行採決・成立。
2014年の出来事	消費税率８％へ、集団的自衛権行使容認の閣議決定、解散・総選挙。
2015年の出来事	米国議会で演説、安保法案を参院で強行採決・成立、総裁選で無投票再選。

安倍家系図

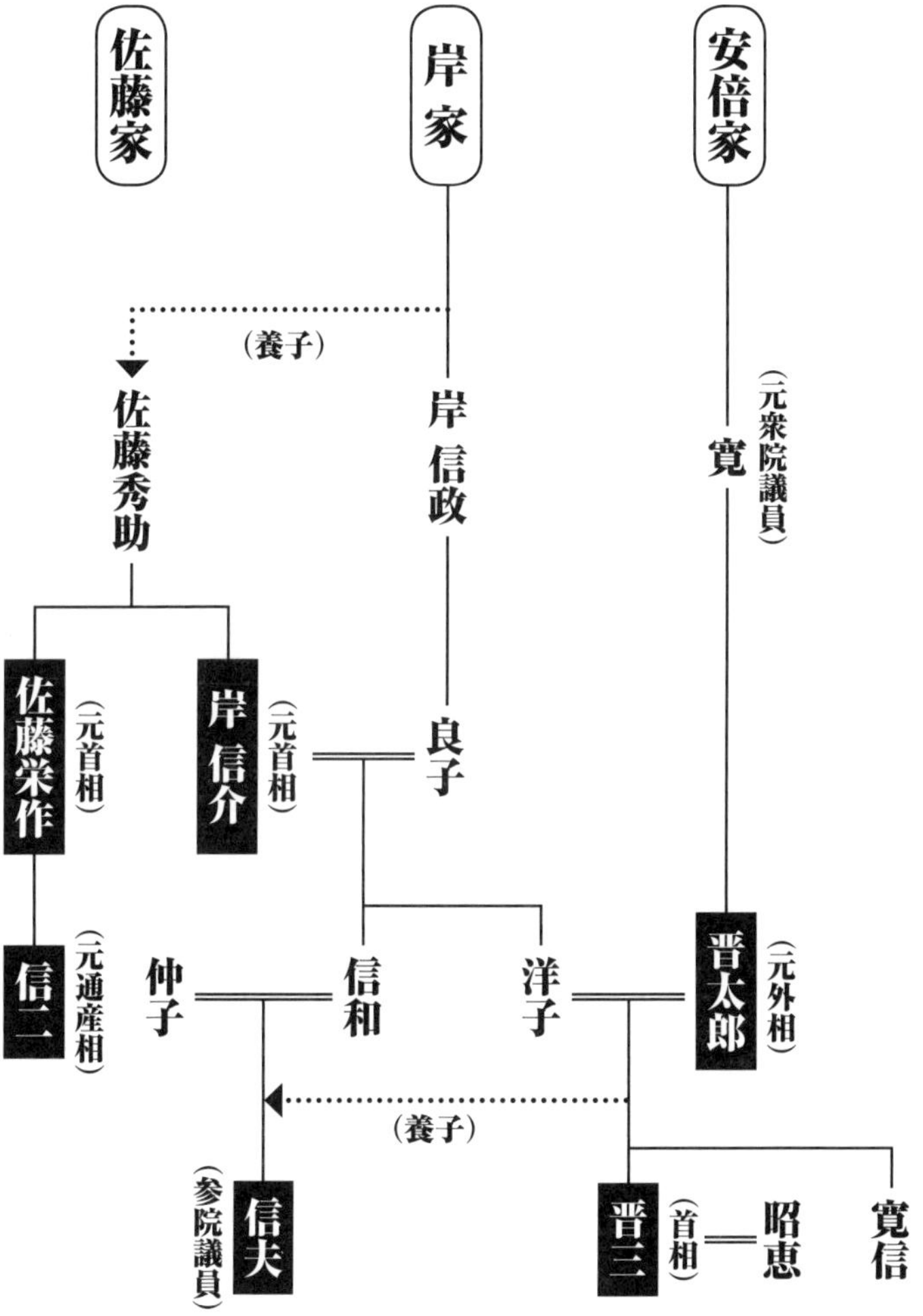
佐藤家
岸家
安倍家
（養子）
佐藤秀助
岸信政
寛
（元衆院議員）
佐藤栄作
（元首相）
岸信介
（元首相）
良子
信二
（元通産相）
仲子
信和
洋子
晋太郎
（元外相）
（養子）
（参院議員）
信夫
晋三
（首相）
昭恵
寛信

野上忠興（のがみ　ただおき）
1940年、東京生まれ。64年、早稲田大学政治経済学部卒。共同通信社社会部、横浜支局を経て72年、本社政治部勤務。佐藤栄作、田中角栄両首相番を振り出しに、自民党福田派―安倍派を中心に取材。野党、外務省、自民党（2回）各担当キャップ、政治部次長、整理部長、静岡支局長などを歴任後、2000年にフリー。政治ジャーナリストとして月刊誌、週刊誌で政治レポートを執筆するかたわら、講義・講演活動も。

安倍晋三　沈黙の仮面
その血脈と生い立ちの秘密

2015年11月17日　初版第一刷発行
2022年7月30日　第二刷発行

著者　野上忠興
発行者　鈴木崇司
発行所　株式会社　小学館
〒101-8001
東京都千代田区一ツ橋2-3-1
電話　編集　03-3230-5866
販売　03-5281-3555
印刷所　萩原印刷株式会社
製本所　株式会社　若林製本工場
取材協力　武冨薫